U0953702

"I WANT TO BE THAT CHAMPION"

我想成为那个冠军

希拉里传

HILLARY

我想成为那个冠军

韩垒○著

中国友谊出版公司

图书在版编目（C I P）数据

希拉里传 ：我想成为那个冠军 / 韩垒著. -- 北京 ：中国友谊出版公司，2016.8
ISBN 978-7-5057-3784-6

Ⅰ. ①希… Ⅱ. ①韩… Ⅲ. ①希拉里，C. –传记 Ⅳ. ①K837.127=5

中国版本图书馆CIP数据核字(2016)第160014号

书名 希拉里传 ：我想成为那个冠军

著者 韩垒

出版 中国友谊出版公司

发行 中国友谊出版公司

经销 新华书店

印刷 北京中振源印务有限公司

规格 710×1000毫米 16开

15.5印张 227千字

版次 2016年10月第1版

印次 2016年10月第1次印刷

书号 ISBN 978-7-5057-3784-6

定价 39.80元

地址 北京市朝阳区西坝河南里17号楼

邮编 100028

电话 （010）64668676

版权所有，翻版必究

如发现印装质量问题，请与承印厂联系退换

前言

与朋友喝茶聊天时，他对我说："你能不能写一本介绍美国的书？前提是既要客观，又要主观。"

我问："为何想了解美国？"

朋友回答："我对美国，尤其是美国政治的态度一直很矛盾。从小就被灌输一种思想，美国是个霸权国家，在世界各地为所欲为；美国的政治是有钱人的游戏，一次竞选就要耗费数十亿美元。然而，奇怪的是，美国却成为很多人旅游、定居的目的地。直到现在，这两种截然相反的现象也依然让我难以理解。"

我继续问："为什么既要客观，又要主观呢？"

朋友回答："写得太客观，难免缺少人情味；写得太主观，又难免缺乏真实性。"

我回答说："那你看一本关于希拉里的书吧。了解希拉里，也就等于了解了美国和美国政治。要知道，在过去的十几年和未来的十几年，希拉里都是美国的一张名片。"

朋友饮了一口茶，说："我知道希拉里，她是美国总统克林顿的老婆。她是活在克林顿影子里的人，如果没有克林顿，她什么也不是。"

我摇摇头，说："这是你的看法，我的看法是，如果没有希拉里，克林顿什么也不是。"

朋友顿时愕然。

接着，我讲了一个关于希拉里的政治趣事。说的是有一天，克林顿和希拉里驾车行驶在家乡附近的公路上。当路过一个加油站时，他们停下来加油。

加油站里的一个员工，一脸油污，他看到了希拉里，高兴地说："嘿，希拉里，还记得我吗？高中的时候我们曾经约会过。"

希拉里很快就认出了眼前的这个人，两个旧情人很高兴地聊了几分钟，然后分道扬镳。

接下来的途中，克林顿非常兴奋，他抑制不住自己的骄傲，认真地问希拉里："你过去真跟那个脏兮兮的家伙约会过吗？设想一下，如果你没有嫁给我，那你今天会过着一种什么样的生活？"

希拉里不屑一顾地看着克林顿说："那样的话，我想你会是一个加油员，而他会成为总统。"

这则笑话告诉人们：现实中的希拉里就是一个坚强勇敢、自信乐观的女人。

在中国，有两个姓克林顿的人家喻户晓，一个是美国前总统克林顿，一个是克林顿的妻子，希拉里·克林顿。作为女人，希拉里将精彩人生演绎到极致。她用不同寻常的努力，在男权社会创造了一个奇迹。

女强人不是一天练成的，她是一个不断创造奇迹的人，她创造了很多次的第一，而这些第一都是常人难以企及的：

第一个在韦尔斯利学院毕业典礼上发表演讲的学生；

第一个罗斯律师事务所女性合伙人；

第一个在联邦法院大陪审团前作证的"第一夫人"；

第一位竞选公职的"第一夫人"；

第一位纽约州女性参议员；

第一位竞选美国总统的前"第一夫人"——在以前"第一夫人"身份走进美国国务院后，希拉里再接再厉，再创辉煌。

美国是一个很特殊的国家，从1776年建国至今，只有200多年的历史，却已成为世界上最发达的国家。在这么一个特殊的国家，希拉里是如何一步步走上人生巅峰？美国的这张名片究竟会续写哪些与众不同的篇章呢？

这就是这本书创作的目的——通过探寻希拉里每一个不为人知的人生细节，编织与众不同的人生节点，勾勒出客观真实的希拉里，带你认识不一样的美国，了解人前人后最真实的希拉里。

目录

主要人物

1. **希拉里**，美国律师、政治家。美国第67任国务卿，前联邦参议员，美国第42届总统克林顿的妻子。

2. **休·罗德姆**，希拉里的父亲，一个矛盾、倔强的父亲，影响了希拉里的一生。

3. **多萝西**，希拉里母亲，继承了女性最原始的优秀品质，勤俭持家、坚强隐忍。

4. **唐恩**，希拉里的青年指导牧师，对希拉里影响很大。

5. **克林顿**，希拉里的丈夫，美国第42任，52届总统，给希拉里带来莫大的荣耀，也给希拉里带去了巨大的耻辱。

6. **贝齐**，希拉里的好朋友，克林顿的助理，见证了他们的一生。

7. **格雷格**，希拉里和克林顿的好朋友，给他们提供了很多帮助，但同时也为他们培养了一个强劲的对手。

8. **莱温斯基**，一个普通的白宫实习生，她与克林顿发生的性丑闻，让克林顿成为美国历史上最不光彩的总统，也给希拉里带来了莫大的耻辱。

9. **玛格丽特**，韦尔斯利女子学院的校长，在希拉里彷徨无助的时候，让希拉里产生了被重视、需要的感觉，由此将希拉里拉上正轨。

10. **杰夫**，希拉里的第一任男朋友，也是她认真交往的男朋友。

11. **大卫**，希拉里的第二任男朋友，希拉里身上的恋父情结，让她选择主动与大卫交往。

12. **玛丽安**，美国儿童保护基金会的负责人，在希拉里的保护儿童权益的法案上，给她提供了很大的帮助。

13. **玛丽**，一个7岁的小女孩，是墨西哥甘蔗工人的孩子，正是她的出现，让希拉里找到了一生努力的目标，成为美国儿童的代言人。

14. **文思·福斯特**，罗斯律师事务所的合伙人，希拉里的“蓝颜知己”。后来因吞枪自杀，让希拉里身陷囹圄。

15. **维尔德**，克林顿和希拉里在阿肯色州的好友。身为律师的希拉里，却在与维尔德有着共同利益的时候，站到了对手的立场上。

16. **吉姆·布莱尔**，希拉里在阿肯色州的时候，是她的投资顾问，在他的帮助下，希拉里尝到了投资的甜头，并获得了不菲的收益。

17. **麦克道格**，“白水地产”的牵线人，这份投资是一笔不幸的投资，让希拉里和克林顿焦头烂额。

18. **迪克·莫里斯**，克林顿的政治顾问。

19. **罗杰·克林顿**，克林顿的弟弟，在克林顿政治生涯的重要关口贩卖可卡因，让克林顿陷入舆论的漩涡。

20. **珍妮弗·弗劳尔斯**，与克林顿传出过绯闻的女人之一。

21. **佩罗**，一名计算机产业的大亨，由于他不满民主和共和两党轮流坐庄，决定自掏腰包，以独立候选人身份搅局美国总统竞选。可以说，他的出现竟然无形之中帮助了克林顿。

22. **葆拉·琼斯**，克林顿桃色新闻中的角色之一，让希拉里考虑与克林顿离婚。

23. **艾西科夫**，新闻记者，第一个知道克林顿与莱温斯基的性丑闻的人。

24. **马特·德拉吉**，一个喜欢搜集八卦的人，正是他将克林顿与莱温斯基的性丑闻传出来，并轰动互联网。

第一章
异样的成长环境

1947年10月26日，一个漂亮的小女孩在芝加哥北区的埃奇沃特医院出生了。谁也不会想到，几十年之后，这个小女孩会成为美国政坛上声名显赫的人物。小女孩的母亲为她取了个充满异国情调又显得与众不同的名字——希拉里。

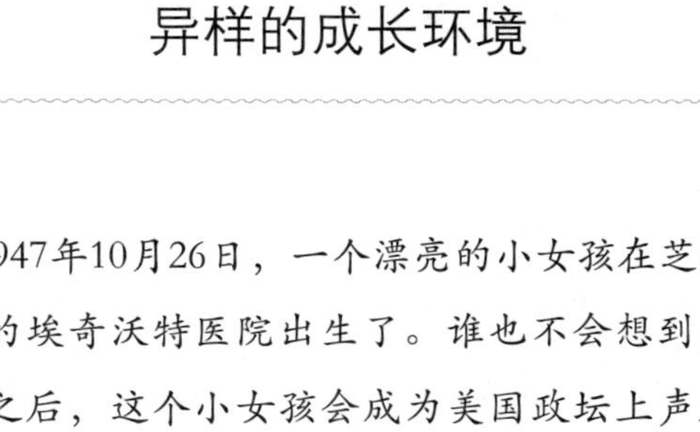

1. 矛盾的美国

矛盾的美国和美国人

美国是一个很难了解的国家，你无法从纪念碑上、历史书上找到完整的答案。这是一个没有历史负担，行事风格无法从历史寻迹，却又让人眼前为之一亮的国家。从美国出现在国际舞台上以来，其产生的影响力是世界上任何其他国家都难以匹敌的。从1776年7月4日《独立宣言》的发表，到如今的21世纪初，近两个半世纪以来，美国都是自相矛盾的。美国在国际舞台上的表现，包括一些积极的和负面的事件，这些使全世界有责任感的人在为之振奋的同时，又产生了深深的焦虑和担忧。美国建国二百年的短短历史已经证明，它是个尚武且善战的国家。

不可否认的是，就是这样一个矛盾综合体的美国，引领着整个世界的未来。当第一届掌舵人华盛顿两届任期结束后，自愿放弃权力不再续任，隐退于弗农山庄园时，美国已经领先于世界。华盛顿主动放弃权力的行为，就是在告诉世界，美国是与众不同的。美国为世界的独裁者树立了一个最好的榜样，美国的国土不会再出现独裁，美国从那一刻开始，站在世界前列。

矛盾的国土同样孕育着矛盾的美国人。曾有人说过，美国人是矛盾的，工作、生活是矛盾的，甚至连呼吸都是矛盾的。美国人相信自己是天生的创造者，能动手开创任何非凡的技术，他们创造出代步的四轮汽车，照明的电灯，通信的手机。他们在汽车上度过了很多的时间，然而他们中的许多人，竟然不知道当发动机不工作时应该往油箱里面看一看。若没有电，他们每天的工作和生活便不知该如何开展，不知道在断电时该找出熔断的保险丝并把它换掉。丢失了手机，他们就不知道该如何正常地与人沟通。在前人栽树后人乘凉的环境中，他们却拥有无与伦比的优越感——自己是先驱们的发扬者并继承了自给自足以及照顾自己的能力，就人与自然而论，尤其是如此。

更为离谱的是，标榜天生的创造者的美国人，在重要的饮食方面却是最缺乏创造的。美国人喜欢吃牛排及各种牛肉，在一个大都市的一万个人之中，也未必有一个人知道该如何宰杀一头牛，并将其切成便于烹食的牛排，更不用说如何去剔除肉中的骨头了。美国人很理解生活要接近自然，然而能够为人们种植粮食、提供食品的农民却越来越少。只要能支付得起，他们就会光顾各种各样的速食店，吃速食食品，吃冷冻盒装便餐，这也是使德国人发明的汉堡，在美国发扬光大并走向世界，意大利人发明的比萨，从美国走向世界。美国人吃饭的最大特点，就是喜欢用手拿着吃，刀叉等工具在欧洲很受欢迎，在美国却并不常见。事实上，真相就是，要说创造力，没有哪个国家能跟美国比，然而论起一些基本常识，美国却要逊色不少。

美国这个自相矛盾的国家特点，也在潜意识中影响着希拉里的人生世界。

希拉里的出生

1947年前后，世界上发生了几件大事：第二次世界大战结束，联合国成立，美苏之间冷战开始，中华人民共和国成立，整个世界呈现出新格局。

第二次世界大战后，为国效力的军人开始返乡，因战争中断的家庭生活得以继续，婴儿出生潮随即出现。当时，整个世界的人们，经受了长时间的战争折磨，特别渴望和平。尤其是美国，作为反法西斯战争中的重要成员，将全世界从法西斯主义中拯救出来，又致力于和平发展，协助遭受战争摧残的欧洲与日本重建家园。

尽管美国与苏联、东欧之间展开了冷战，不过当时整个世界的格局，和平依旧是主旋律。同时，美国在整个世界中处于超级大国的地位，强大的武力支持，发达的经济支柱，还有美国的价值观念和随处可见的机会——只要努力打拼，金钱、地位的拥有都不再是难题，包括随之而来的新房子、新校舍、街区公园和舒适、安全的社区环境。

当然，在这个过程中，美国的种族问题也随之出现。在美国这个遍地是机会的社会面前，社会不平等与不公正的问题，愈来愈凸显，成为所有美国人面临的一个大问题。

就是在这样的社会大环境下，1947年10月26日，希拉里出生了。她的父亲休·罗德姆曾是一位海外服役的军人，二战结束后，返回家中，开始正常的生活。他们一家住在位于美国中西部的伊利诺伊州的一个安静的小镇上，这个小镇的名字叫帕克里奇。母亲是美国传统的家庭主妇，父亲经营着一个小型的印染厂，和美国其他的传统家庭相比，没有什么两样。

然而，由于父亲特殊的军人身份，希拉里的童年家庭生活又与别人有所不同。可以说，围绕着父亲休·罗德姆建立的家庭，是一个矛盾的家庭。

休·罗德姆是一个不苟言笑、严厉苛刻的人，甚至有些愤世嫉俗，他对于家庭成员的管理方式，是诋毁多于鼓励，甚至包括自己的妻子，也就是希拉里的母亲。从这个家庭组建起来的那一刻起，就打上了休·罗德姆的烙印：竞争意识强，斗志旺盛的军人标签。

罗德姆家族

希拉里的祖父母是威尔士移民，一家人住在斯克兰顿，是宾夕法尼亚州东北部有名的工矿业城市。祖父为人和蔼、善良、勤劳，有很好的教养，每天穿西服和吊带裤，喜欢炫耀配着链子的金表。在希拉里的记忆中，祖父是很勤劳的，每次到伊利诺伊州看望他们时，都会脱下外套，卷起袖子，帮助打理家务。对于祖母的印象，希拉里则比较模糊，因为在希拉里五岁时，祖母就已经过世了。

祖父母育有三个儿子，分别为威拉德、休以及拉塞尔。威拉德遗传了父亲的性格，为人善良、和蔼，一生致力于公共事业，没有结婚。母亲去世后，他一直默默地坚持照顾着父亲，这一坚持就是13年，一直到1965年父亲去世。在这13年当中，他全身心地履行着这份责任。

拉塞尔是个内科医生，一直被父亲视为膝下麟儿、掌上虎子，是引以为傲的对象。可这个被视为膝下麟儿的拉塞尔，却患上了抑郁症，并经常有自杀的举动，这一行为令全家人苦不堪言。后来，经过治疗的拉塞尔，搬到了芝加哥市中心一套破败的、没有电梯的公寓，在一家酒吧做招待员，依靠微薄的收入，勉强糊口。在这种节衣缩食的生活中，他开始酗酒，陷入了更加严重的抑郁之中。1962年，他不幸葬身于一场大火。

至于外祖母，却给希拉里留下很深的印象。外祖父在1947年过世了，也就是希拉里出生的那一年。她的外祖母黛拉，性格软弱，是一个追求理想化的人，整天泡在肥皂剧中。在希拉里十岁的时候，因为父母比较忙，黛拉负责帮忙照看孩子们。有一天，希拉里在学校操场上玩耍，一不小心被操场上的大门撞到眼睛，顿时鲜血直流。希拉里疼得大哭不止，不过她并没有手足无措，而是赶忙跑回家寻求外婆的帮助。当外婆见到满脸是血的希拉里时，顿时吓晕了过去。无奈的希拉里，转而求助隔壁的邻居。在邻居的帮助下，希拉里的伤口止住了血。更奇葩的是，当外婆苏醒过来后，反而责怪希拉里吓坏了她，还说幸好晕倒时没有摔伤。

希拉里的父母

特殊的家族环境，并没有给希拉里的成长带来不利的因素。童年的希拉里生活在安静的小镇帕克里奇，居住的环境很有诗意。恬静的小院，整齐又干净，门廊前搭起了遮阳棚，正对着一片坡度平缓的草坪。希拉里的母亲多萝西个性独立，性格温和，童年生活的颠沛流离以及曾经被抛弃和虐待的经历，并没有让她变得软弱，反倒使她拥有令人吃惊的“自我修复”能力，从未感叹上帝的不公，凡事自主独立，性格温顺又不失冷静。

军人出身的父亲，与自主独立的母亲组成的家庭，跟这个小镇安静祥和的环境格格不入，就像动物园中不合群的猩猩一样，一家人很少跟邻居们交往，也缺少关系亲密的朋友。

在希拉里关于童年有限的记忆中，从来没有得到父亲哪怕是一句的表扬，包括她的两个弟弟在内。恰恰相反的是，父亲总是不分场合、毫不留情地对孩子们冷嘲热讽，蓄意贬低他们，希拉里和两个弟弟不得不默默忍受父亲经常制造的让他们感觉到难堪不已的场面。更可怜的是，母亲不能替孩子们解围，不然同样会换来父亲的冷嘲热讽，甚至是侮辱和谩骂，因而她只能选择忍气吞声。

令人难以置信的是，在父亲蓄意制造的紧张和压抑的氛围中，仍然成功地培养出了孩子们浓厚的家庭观念，建立起一家人互爱互助的好习惯。这与常规相悖的特点对希拉里的性格具有重大的意义。

原来，严厉苛刻的父亲与自主独立的母亲在教育孩子的时候形成了足够的默契，他们在一手打造的环境中，不断地向孩子们灌输自己的精神遗产——只要坚守纪律、勤奋勇敢，严肃活泼，就能够实现任何梦想。

休·罗德姆在家中具有绝对的权威，这种权威时常令希拉里及两个弟弟不快乐。不过，他唯一令他们信赖的地方就是他坚信，不能因为希拉里是个女孩子就限制她掌控家中局势和话语权的权利。

事实最终证明，他们的教育理念很是成功，在他们唯一的女儿希拉里身上，取得了非比寻常的效果。希拉里具备了坚定的信念和强烈的目标感，凭借着这种素质，她走出了伊利诺伊州，走进了美国白宫，走上了更广阔的世界舞台。

2. 严肃的家庭生活

3岁之前的记忆，对任何一个孩子来说都是贫瘠的，希拉里也是如此。不可否认的是，对于一个智商、思维正常的人来说，只要发生过的事情，都是可以记忆的，只是3岁之前发生的事情会被压缩进人的潜意识中去，而这部分记忆都是不被人所注意的，只有在突然发生某些事情的时候，才会激发潜意识中的东西，让人感觉某件事似曾相识。

希拉里是家中的长女，还有两个弟弟，分别为休吉·罗德姆和安东尼·罗德姆，从很小开始，姐弟三人的感情就特别好，这一点是父亲休·罗德姆“逼”出来的。

休·罗德姆在家中享有绝对的权威，不允许任何人忤逆他，哪怕是表现得不顺从也绝对不可以。在希拉里的记忆中，他是以司令官的身份在管理着这个家庭，不允许他们出现丝毫的错误，否则就给予近乎苛刻的惩罚。

有一次，在一个寒冷的冬天，外面飘着鹅毛般的大雪。安东尼在洗涮台前洗涮完毕，准备去吃母亲准备的丰盛的早餐。这个时候，父亲发现安东尼忘记拧上牙膏管的盖子，于是二话不说，随手将牙膏管的盖子从浴室的窗口扔出去。紧挨着浴室窗口的是一片冬青树丛，由于下雪，地面铺上了一层厚厚的雪。

“安东尼，把早餐放下，把盖子捡回来！”父亲严肃地说。

一家人呆呆地坐在饭桌旁，看着一脸怒色的父亲。深知父亲脾气的母亲，也没有帮安东尼解围，而是尽一个母亲的责任，给安东尼找来了外套，面色平静地示意安东尼去外面把牙膏盖子找回来。

安东尼悻悻然地放下刚拿起的面包，穿上外套，到外面找盖子。

安东尼很快找到了被父亲扔出去的牙膏盖子。当他把盖子盖在牙膏管上，走回饭桌旁吃饭的时候，父亲淡淡地说了几个字：“开始吃饭！”

在饭桌上的父亲，通常不会保持平静，而是像打开了话匣子，总有数不尽的话题，有时是印染厂的事情，有时是世界大环境，更多的是关于政治的话题。在这个过程中，他总是口无遮拦地发表自己的见解，决不允许别人反驳他，更不允许别人发表异议，更不会承认自己的观点错了。

很长一段时间以来，希拉里都是安静地倾听父亲的见解。随着年龄的增长，见识的增长，她如果感觉自己正确的话，也会很实际地回敬父亲几句。出于对孩子的疼爱，父亲并不总是批评他们插嘴。

有一次在饭桌上，父亲又喋喋不休地发表自己对民主党的鄙视。母亲多萝西提出了一些与父亲相左的看法和论据，立即招来丈夫的取笑。

“你懂什么？你这个自以为是却见识短浅的女人，你这些愚蠢的想法是从哪里冒出来的？”父亲毫不留情地说道。

更为夸张的是，父亲很多次将饭桌上未尽的话题转移到卧室。这个时候的父亲，像充满激情的传道士一样，发表着自己的高谈阔论，沉迷在自己的见解之中。这个时候的希拉里，会双手捂住耳朵，避免被父亲“洗脑”。但也正是这种经历，帮助她提前做好了应对复杂家庭生活的局面，迎接她和克林顿婚姻生活中种种斗智斗勇的较量，对她以后适应复杂的政治斗争生活具有很大的帮助。

“我的父亲就是这个样子，在他看来，似乎整个世界都是敌人，都跟他有过节！”长大后的希拉里这样评价自己的父亲。“其实，这只是一项伟大的培养计划中的一部分，他尽力培养我们，激发我们在变幻莫测却又艰辛现实的环境中的适应能力。”不过，当时年幼的希拉里和两个弟弟根本看不出，也无法读懂父亲的这些所谓的教育方式。

在父亲眼中，他的孩子们一定要成为最优秀的。当孩子们把自己的成果，比如成绩单，一个小小的发明展现在父亲面前时，父亲根本不会表扬他们，只是近乎苛刻地说：你完全可以做得更好！

有一次，希拉里拿着自己的成绩单给父亲看。成绩单上，除了一个B，其余的各科成绩都是A，这个成绩单已经足够优秀。

满心欢喜以为能够得到父亲赞扬的希拉里，把成绩单认真地交到父亲的手上。父亲看了看成绩单，问：“你为什么没有全部拿到A？”

希拉里很不服气地说：“可是我其他的科目都拿到了A！”

父亲平静地说：“这是试题出得太简单了。”

父亲发火的时候，这个家庭的氛围会显得非常恐怖，俨然是火山即将要喷发的状态。希拉里的小伙伴们对这种事情最有发言权：难以想象的一种局面，她的父亲休·罗德姆在家庭生活中是名副其实的纳粹分子，让人忍无可忍。

生活不能忘本

在家庭生活中，休·罗德姆是个“独裁者”的形象，不苟言笑，严肃甚至有些苛刻。可在做生意方面，却是个不折不扣的能人。他很会做生意，小小的印染厂被经营得有声有色。在经济萧条时期，很多规模相当的印染厂都无法存活，可休·罗德姆的印染厂却经营得风生水起。这归功于休·罗德姆的勤劳和多才多艺，整个印染厂，他只雇了一个黑人工人，其余的工作都由自己一个人完成，印染、裁剪和缝纫布料，他统统很拿手。

他还很擅长投资，对于股票、基金和金融产品等，他都有一套，通过这些方式，他赚了不少钱，并痴迷于各种生财的方法，总想着让钱生钱，以及如何保住这些钱。

经济条件很不错，预示着希拉里和两个弟弟的生活会很富足，事实也确实如此。童年时的希拉里，并不缺少玩具和玩伴，别的孩子有的玩具，她也一定会有；别的孩子没有的玩具，希拉里也能拥有，这让周围很多的孩子羡慕不已。

在富足的生活条件下，休·罗德姆还有着自己的教育方式——生活不能忘本。为此，他特意培养孩子们的理财意识、劳动意识以及吃苦意识。

在培养理财意识方面，父亲会手把手地教希拉里及两个儿子看股市，并给他们讲解股市行情。有的时候也会带他们出入银行，了解各种各样的金融产品。

在培养劳动意识方面，父亲会让小小年纪的希拉里和两个弟弟学习做家务，每天每个人都有分工，打扫卫生、收拾餐桌，这是每天的“必修课”。更夸张的是，父亲还会让孩子们帮助他修缮房屋，做些修修补补的活儿，要知道这种工作对孩子来说，无异于天大的难题。

在印染厂里，当出现大量订单的时候，希拉里和两个弟弟就会充当“工人”的角色，从事繁重的体力劳动。不过，父亲从来不会支付给他们工钱。

在培养吃苦意识方面，父亲会亲自开车带着孩子们穿过芝加哥的贫民窟，并很骄傲地告诉孩子们：“你们能够做休·罗德姆的孩子是上帝的垂青，是上帝对你们深深的爱，你们应该为今天所拥有的一切感到骄傲，并时刻感恩。否则，你们将像该死的贫民窟里的那些黑佬一样，整日里与饥饿、毒品为伍，并时刻面临着生命被威胁的情形。”在当时的美国社会环境下，休·罗德姆和大多数的白人一样，对黑人有着很严重的歧视观念，喜欢用最恶毒的语言侮辱、攻击黑人。

在孩子们出生后，会被送往斯克兰顿的教堂去洗礼，这是父亲对他们进行的最早的吃苦意识方面的培养。除此之外，每一年的暑假，父亲都会驾车到维诺拉湖畔那套小木屋子里住上两周，让孩子在那里体会一下吃苦的生活。

吃苦生活中的乐趣

维诺拉湖畔的那套小木屋，是希拉里的父亲休·罗德姆与祖父亲手修建的。那是一套很简陋的房子，用来休闲度假所用。小屋子位于斯克兰顿西北约20英里的地方，四周是波科诺山，在特殊的位置可以俯瞰维诺拉湖。

简陋的小屋子里，几乎没有什么像样的家具设备，甚至接近于原始的状态——只有一个煮饭的炉子。当他们需要洗澡的时候，根本没有浴室及淋浴设备。那怎么办？只能回到原始的生活状态，直接跳到湖里，痛痛快快地洗上一次。

每年的暑假，休·罗德姆都会带孩子来到这儿生活半个月，本意是培养孩子的吃苦意识，让孩子们记住幸福生活的对立面，是贫穷与饥饿的吃苦。可有趣的是，休·罗德姆有个跟自己很不“合拍”的父亲，也就是希拉里的祖父，让希拉里和两个弟弟并没有感觉到苦。

隔代人之间，总是会发生很多有趣的令人难忘的事儿，希拉里和祖父之间也是如此。在这里，希拉里和弟弟们每次被父亲刁难，替他们解围的，都是祖父。

在希拉里的印象中，善良、勤劳的祖父更是一个可爱的老人。在这两周的时间里，希拉里从祖父那里了解了很多的知识，也第一次从祖父口中听到和维诺拉湖有关的爱情故事。

维诺拉湖的名字是为了纪念印第安公主维诺拉。维诺拉和其他部落的一个英俊帅气的士兵相识相恋了，可维诺拉的父亲认为那个士兵出身贫贱，地位低下，配不上高贵的维诺拉，便硬生生地拆散了他们。为了追求自由的爱情，反抗父亲的干涉，维诺拉投湖自尽。听到这个故事的时候，希拉里久久难以平静。幼小的她，还不知道什么是爱情，但她很支持维诺拉的举动，并认为她很勇敢。

休·罗德姆通过这样异于常人的假期体验，让孩子们忆苦思甜，体会与优越的家庭生活相差甚远的苦日子。在希拉里的记忆中，有一年暑假，她父亲又进行了一个新奇体验——带孩子们去煤矿。在帕克里奇附近，有一家无烟煤煤矿。关于这一次的体验，希拉里一直认为这是上帝调皮了，把父亲脑袋里的某根弦拨了一下。不过，她仍然感谢父亲的做法，让她开阔了眼界并认同工人阶级价值观念，确立了同情普通工人政治斗争的政治立场，而这些觉悟，都来自这场非凡的体验经历。

休·罗德姆一旦决定的事情，就会一直进行下去，像一只不知疲惫的猎狗追逐猎物一样。然而，一年又一年的维诺拉湖假期生活，逐渐失去了新鲜感，家人越来越反感，尤其是希拉里和母亲。每一次出行之前，家人都是怨声载道。休·罗德姆为了安抚大家，便颁发了一项额外的福利——返程途中可以找个地方尽情购物，随意添置衣物和其他个人用品，这无异于天上掉馅饼的好事。可真要在具体实施的那天，他们才发现这个掉下来的馅饼要在固定的时间内消化掉。

有一次，在维诺拉湖结束度假以后，休·罗德姆开车载着他们到了纽约第五大道，突然在路边停下车。经过几个小时的车程，几个人都有些疲惫。发现车子停下来，希拉里睁开疲惫的眼睛，“怎么了？我们是到家了吗？”

休·罗德姆没有回答她，抬手看了看腕表，“现在是4点35分，在商店关门之前，你们想买什么就买什么。”

本来还是疲惫的一家人，一下子有了精神，几个人像是得到了圣旨一样，立即打开车门，希拉里和母亲更是脱下鞋子冲进了商店。要知道，这家商店当时停止营业的时间是5点钟。

自己挣零花钱

“父亲从小就培养我们的理财意识，教我们认识各种各样的金融产品。可有趣的是，他从来不给我们零花钱，哪怕是一点儿。”希拉里这样说道。

周围的邻居，学校里的小伙伴们，都能够定期从父母那里得到零花钱，可希拉里却从来没有得到这样的优待。

对于这一点，希拉里也很有怨言，并亲自向父亲提出，希望可以得到零花钱，购买一些自己喜欢的东西。

父亲摆出高高在上的姿态——“你们吃我的，住我的，折合成零花钱的话，已经很多很多了。因此，我不会再给你们钱了。”

对孩子来说，花花绿绿的糖果，香甜的冰激凌，是充满无尽的诱惑的。为了能够吃到这些零食，小小年纪的希拉里就发挥了极大的挣钱潜能。她会主动向邻居推销自己，争取给邻居看孩子，并从中得到一些微薄的报酬；她会去日间托儿所，帮助带一些总是哭泣的孩子，也能得到一些微薄的零花钱。除此之外，她还依靠采摘蒲公英赚取一点点微薄的酬劳。

在帕克里奇这个安静的小镇上，休·罗德姆像是个怪人一样，他很少与邻居有什么走动，见了面也鲜有打招呼。社区经常会举办各种各样的烧烤聚会，但你不会在这些聚会上看到休·罗德姆的身影，哪怕是一次也不会，更不用说家长联谊会，乡村俱乐部以及其他的公益活动。在邻居们的眼中，休·罗德姆永远都是形单影只的，在他的字典中，没有“集体”这个概念。

3. 敏感的女生

多萝西的童年阅历

与父亲休·罗德姆严厉苛刻的性格相比，母亲多萝西则温顺很多。

多萝西是在芝加哥出生的，她的父亲是一名消防员，母亲则是一个名副其实的叛逆女。多萝西的父母是一对典型的年轻的父母。在多萝西出生的时候，父亲只有17岁，母亲黛拉只有15岁。这对年轻的父母在生活很不如意的情况下，倒也相处了十年。后来，这对年轻的父母又为多萝西生了一个妹妹，比她小五岁。当然，照顾妹妹的担子，都落在了多萝西的肩上。

在多萝西8岁的时候，父母离婚了。多萝西和可怜的妹妹在没有大人照看的情况下被送上了开往加州的火车，跟爷爷奶奶一起生活。

“我的母亲经常会给我们讲她小时候的故事，她告诉我们，在爷爷奶奶的家里，她们被当成了累赘。没有体会过同龄人的快乐生活，挨冻挨饿是家常便饭，偶尔还会遭受奶奶的严厉惩罚，而爷爷则对他们不闻不问。令人难以置信的是，童年的不幸经历，并没有在母亲的心灵上留下阴影。最直接的体现，是母亲在述说这些的时候，非常平静，有时还会附加一些夸张的肢体动作，像是完全在述说别人的故事。这一点对我触动很大，她的内心太强大了。”希拉里曾这样说过。

14岁的时候，多萝西离开了爷爷奶奶的家，独自出外谋生。或许是上帝眷顾这个可怜的孩子，她几乎没费什么周折，就找到了一份保姆的工作。雇主对她特别好，送她去读中学，还经常鼓励她多读书。多萝西经常对希拉里说，如果没有这样的一个暖心的经历，她可能会和他们的外祖母一样，根本不知道如何打理家庭，照顾孩子。

与休·罗德姆的经历

依靠雇主的帮助，多萝西顺利地完成了中学学业，也重新回到了芝加哥。这个时候，她的母亲嫁给了一个很富有的商人罗森堡。罗森堡经营着一家酒店，生意非常好。罗森堡是个很不错的继父，他希望多萝西能够继续深造，读文秘学校，将来帮助自己打理生意。而黛拉则显得自私，她只希望多萝西在家里做女佣。

由于母亲黛拉的决定，多萝西最终拒绝了与母亲和继父继续生活在一起，她找到了一份工作，还在距离工作地不远的地方租到了一处很满意的住所。接下来的几年光阴，对多萝西来说，孤独而又自由。自由是因为她依靠自己的文秘工作，获得了能够维持生计的待遇，而且还略有结余。孤独的是她孑身一人，没有亲人的陪伴，连出去度假，都找不到人陪伴。

就在多萝西最孤单寂寞的时候，休·罗德姆出现了。当时，她正好年方二九，花一样的年龄，而休·罗德姆26岁，是个刚脱离稚气的成熟帅小伙。休·罗德姆被多萝西的漂亮、多情吸引住了，而多萝西则被休·罗德姆粗鲁又率真的个性深深吸引住了。几乎没有经历像样的约会，两个人就走在了一起。

1942年，多萝西和休·罗德姆在芝加哥举行了婚礼。1945年，休·罗德姆从海军退役。不久之后，这对平凡的小夫妻就搬到了罗森堡，也就是多萝西的继父名下的一套公寓居住。

从常理来说，根据休·罗德姆的性格，他不会喜欢寄人篱下的生活。或许是上帝的恩赐，休·罗德姆很乐意地接受了罗森堡提供的住处，并经常与罗森堡喝下午茶。对于这一切，多萝西直言不讳地说：“他们两个都是有野心的人，都是自命不凡要干大事的人。而年轻的休·罗德姆也愿意从罗森堡身上取经，接受他的建议及忠告……许多年以来，罗森堡一直在财务问题上帮助休·罗德姆，且经常会借钱给他。”

一个人对曾经得不到的东西，会产生特别可怕的力量。这种力量，就像魔咒一样，时时刻刻罩在心头上，令人迷恋。这一点，多萝西的体验尤其深刻。

由于童年时代没有一个真正温暖的家，所以拥有家庭生活并将之打理得井井有条，对多萝西来说，具有特别强烈的成就感。休·罗德姆总是喋喋不休地讲述自己的童年生活经历和家庭生活，而多萝西则几乎对童年生活闭口不提。

希拉里说：“很多时候我能感觉到母亲身上的悲伤基因，面对父亲的强势，有的时候她显得特别孤立无援。我甚至能感觉到她的恐惧，害怕父亲会弃她而去，尽管她从未表现出来。更多的时候，她会表现得跟父亲和睦相处。”

或许，对于多萝西这样拥有特殊人生经历的人来说，维持一个家庭的温暖与完整，要比追求独立的个人梦想或逃避丈夫的盛气凌人更重要。她时时刻刻都在看着孩子们受到苛刻的对待，在她看来，或许丈夫的苛刻是在遵循着“棍棒之下出才子”的教育理念。

正是基于母亲的人生经历，当希拉里的丈夫克林顿身上发生了和白宫前实习生莱温斯基震惊世界的性丑闻时，希拉里选择了维持家庭的完整。

希拉里说道：“有一次我的母亲告诉我，除非万不得已，否则不要选择离婚。没有父亲的孩子，或者是父母离异后的孩子，就像是在波涛最汹涌的海洋里漂泊不定的小船一样，任何一个浪头打过来，小船就会支离破碎。”

哭鼻子的女孩子

2008年，希拉里与奥巴马之间进行激烈的竞选。在竞选前夕，希拉里不止一次被刁钻的记者问及“是什么把她推向总统之路”，她的答案是“母亲”。在整个竞选活动中，她不但让多萝西全程陪同，还亲昵地称母亲是“我的最好的朋友”。

多萝西的童年生活很苦涩，却是希拉里性格形成的关键人物。这其中发生的一件事，让希拉里印象深刻。

希拉里四岁那年，他们举家搬到帕克里奇。刚进入一个新的环境，希拉里跟周围的伙伴还不熟悉，在与小朋友玩耍的时候发生了小摩擦。这天，只有四岁的希拉里委屈地哭着回了家。

看到哭鼻子的希拉里，母亲很心疼，问：“你们不是玩得好好的吗？你怎么哭了呀？难道你是一个爱哭鼻子的小女生？”

“根本不是！因为苏西总是欺负我，还总说我是一个新来的外乡人。刚才对我又是一顿拳打脚踢，还把我推倒在地。”

“这是为什么呢？”

“她说，她是最早在这里定居的，她是最大的，这附近的孩子都要听她的，可是我不想那样……”

“那你想让我帮你出头吗？”

“是的！我想让你帮我狠狠地教训她！”

“你的事情你要自己解决！不要再允许她打你！如果她再敢打你的话，你就别再哭了，要勇敢地回击她。要记住，被人欺负的时候，哭泣是不会得到上帝的怜爱的。还有，我们家没有胆小鬼的位置！”

希拉里停止了哭泣，记住了母亲说的话。多萝西担心如果女儿继续屈服，可能就会形成一种习惯，会变得软弱，将来会影响她的一生。

后来有一天，苏西又欺负了希拉里，并把她推倒在地。希拉里又一次哭着回来的时候，多萝西关上门把希拉里挡在了门外。

“你只是记住了我的话，却没有按照我说的去做。你自己再去玩吧，如果苏西再打你，你要懂得保护自己，胆小鬼是不能进这个家门的。”

之后发生的事情就简单了，希拉里把苏西推倒在地上，苏西开始哭鼻子，孩子们在一阵嬉戏吵闹声中散去。

不久，希拉里代替苏西的位置，成了那群孩子之中的“老大”。

母亲多萝西对希拉里的克服恐惧的教育，对她日后的政治生涯产生了积极的影响。希拉里曾以女童子军的身份参加了各种社会活动，并得到了很多表彰和奖状，如独立日纪念日、投诉选举作弊等。不仅如此，她还召集邻近的孩子组织并参加了各种体育比赛，为筹集慈善基金聚会。

希拉里的领导能力就这样被培养出来了。

弟弟们的保护伞

在传统的多子女的家庭中，都出现过兄弟姐妹同处一堂的局面。有一句调侃的话说，“有妹妹的哥哥都是暖男，有弟弟的姐姐都是泼妇”，这句话对希拉里来说，再合适不过。在很长的一段时间内，希拉里这个姐姐充当的是两个弟弟的“保护伞”的角色。

“我从小到大都在庇护他们，我已经记不清楚有多少次，要帮助休吉和安东尼摆平因为在街头打架惹出的麻烦。更不可思议的是，很多次都是我亲自上阵，帮他们出头。在他们看来，我俨然就是上帝。”希拉里这样调侃。

休吉和安东尼整天在外头打架，而他们的父亲却很喜欢这样。从这一点上看，他完全是个地道的美国人，美国尚武且善战的特点，完全体现在休·罗德姆身上。

在外面打架，希拉里像个泼妇一样为弟弟们出头。在家里玩耍时，三姐弟之间也会拳脚相加，这样的场面并不少见。在玩耍的过程中，他们也经常会打碎东西，可是父亲休·罗德姆却很喜欢他们这样做。当然，多萝西为此特别烦恼。

这样的家庭环境，使希拉里的性格既表现出父亲的性格，也表现出母亲的性格，只是在不同时期和不同情况下表现出的特质不同，仅此而已。简单来说，希拉里继承了父亲严肃苛刻的性格——在生活的各个方面，都必须严肃谨慎，也继承了母亲有条不紊的性格——无论多么复杂的局面，都要保持平和心态。

第二章
少女初长成

出生于毫不起眼的家庭，却凭借着特殊的成长经历，开始与政治触电，并由此走上更广阔的人生之路。

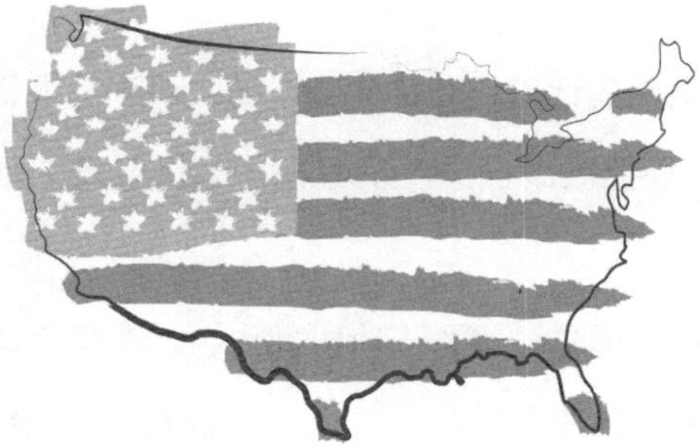

1. 步入学生生涯

戴近视镜的女学生

和众多普通的孩子一样，6岁的时候，希拉里迈入了人生的一个新阶段。她背上书包，进入了一个新鲜且陌生的环境——学校，正式开始小学生涯。

似乎从进入学校的那天起，希拉里就跟学校的生活很合拍，几乎没有经历什么挫折，她就适应了。她特别喜欢学习，每天都抱着书，不是在练习写字，就是在朗读课文。勤奋好学的希拉里，成绩也非常优秀，几乎每一门功课的成绩都是A。

然而，由于不正确的读书、写字姿势，随之而来的近视问题严重地困扰着她。在9岁的时候，她的眼睛已经严重近视，不得已戴上了像酒瓶底一样厚的眼镜。

在尤金菲尔德的校园里，很长一段时间内，一个戴着酒瓶底一样厚的眼镜的女孩是很多老师对希拉里的印象。可以说，戴着厚厚镜片的红色的框架眼镜一直是希拉里外表的标准配置之一。直到33岁的时候，希拉里才配了第一副隐形眼镜。

“那个时候，我对近视眼镜有着不小的芥蒂，我觉得它的存在降低了我的长相水平。我有时会因为虚荣心作祟，把眼镜留在家里。不戴眼镜的我，一定要有人像导盲犬一样领着我到处走动，不然我就只能原地打转。”希拉里这样说道。

随着希拉里的成名，她少年时的很多照片也都被公之于众那个时候的希拉里，带着大框眼镜，扎着马尾，一脸稚嫩。这个样子的希拉里，只会让我们觉得，她不过就是个热衷学校活动的积极分子，老师眼里的好学生。可就是这样一个人，在她未来的30年，一直游走于美国政治圈。

在学校里，勤奋好学且成绩优秀的学生总能得到老师特别的关照，希拉里也是如此。她是老师眼中的好学生，行事低调、不惹事，深得老师的欢心。

体育项目中的“假小子”

从上学的第一天起，希拉里就成为老师的宠儿，因为她总是主动取悦老师，且学习刻苦、勤奋，思维敏捷，还能帮助老师处理一些琐事，俨然是老师的小助手。

除此之外，希拉里还有着与同龄人不一样的爱好和习惯。作为美国人，不管是什么年龄层次的人，在关心的话题方面，都有着比较惊人的雷同。他们对自己国家的电影、音乐、体育有着比较特殊的癖好。跟希拉里同年龄的女孩子，除了谈论这些之外，还谈论化妆品和男孩子。对于政治话题，她们也会谈论，但大多是用很揶揄的语气作茶后谈资，因为“谈论政治一点都不酷”。可希拉里作为一个女孩子，尤其喜欢体育和政治，而且对政治是“绝对关心”，这一点遗传了她的父亲休·罗德姆。

根据希拉里自己和老师们的讲述，她读小学时是个名副其实的“假小子”，这具体表现在体育方面。

在体育方面，休·罗德姆喜欢棒球和橄榄球，希拉里很小的时候，就经常和父亲一起参与到游戏中，并作为父亲的重要“队友”同场竞技。得益于这些，她的体育技能特别出色，即便是和男孩子们在一起参加比赛，她也能应付自如，偶尔还会有“让人眼前一亮”的发挥。

除了网球和橄榄球以外，她的网球水平和游泳技术也都很不错，这得益于母亲的指导。她的母亲多萝西经常在帕克里奇的公共网球场和希拉里一起打球，在泳池里和希拉里一起比赛游泳。希拉里对游泳有着天生的优势，在母亲教会她游泳后不久，两人同场竞技，几十米的游泳比赛，以母亲的速度已经远远赶不上希拉里了。

得益于体育方面的特长，希拉里的朋友范围很广泛，加上她出众的人际交往能力，她的朋友几乎遍布整个校园。

航天员梦碎

1957年10月4日，发生了一件足以震惊世界、改变世界格局的事情，尤其是对当时的超级大国美国而言，更是举国震惊——苏联宣布成功地把世界上第一颗绕地球运行的人造卫星送入轨道。

这个消息迅速传遍美国，并在这个国家引起了巨大反响。休·罗德姆更是发表了自己独有的观点——美国人受到了威胁，美国不再安全。

当时的希拉里，还是6年级的小学生，对父亲休·罗德姆的话深信不疑。她觉得要为美国做些什么，帮助美国，让美国不再受威胁。这个时候，美国政府在全国范围内宣传造势：我们不能在太空竞赛中输给苏联。冲动之下，希拉里决定成为一名宇航员，成为美苏太空站的得力干将。

很快，她给美国航空航天局写了一封信，主动推荐自己，并在信中很认真地写出自己的很多优点。结果，对方告知不需要女宇航员，而且希拉里患有近视眼，更是不符合要求。

这件事对希拉里打击不小，她很失望，也很泄气，一直对自己自信满满的她开始出现悲观的情绪。

最了解女儿的莫过于母亲。母亲多萝西安慰她：“你要学会思考，学会冷静。无论在多么混乱和艰难的情况下，都要保持平和的心态。只有心态平和，才不会贸然作出错误的决定。”

母亲的安慰让希拉里受益匪浅，她开始思考，最终，她决定做宇航员的领导人，在背后督促他们。

2. 天生对政治敏感

绝对关心政治

美国的民主党与共和党代表着美国和美国人的最大特点——矛盾。最先，美国是没有共和党的，只有民主党跟辉格党，在美国与墨西哥的战争前，辉格党内部发生了分裂，有一部分支持战争，另一部分反对战争。支持美国与墨西哥战争的一部分就站在了民主党的一边，而那些反对美国与墨西哥战争的议员及政治势力，就另立了共和党。彼时的民主党雄心勃勃，特别想开疆拓土，就与墨西哥发动了战争。

战争结束后，美国如愿得到了墨西哥的一大片土地，也就是如今的德克萨斯州。此时的共和党，在美国的一些法规和政策方面，就与民主党彻底地站到了对立面。

关于民主党与共和党，曾有人做过比喻，共和党是鹰派，顽固保守，民主党是鸽派，冒失好战。民主党侧重于社会主义化，共和党则偏资本主义化，两党之间的拉锯战和轮流坐庄，导致现在的美国和美国人矛盾的性格。不过，这一方法让美国几乎没有一刀切的政策，这也间接避免了多数人的暴政，也保证了多数人的权益。

休·罗德姆就是顽固且保守的共和党拥护者，这一点在很长一段时间内深深地影响着希拉里。他一直贯彻着共和党的方针，蔑视工会，反对政府大部分的援助项目，谴责高税收。不仅如此，他还曾跃跃欲试，想步入政坛，并参加了芝加哥市议员的竞选。很不幸，他在竞选中被民主党的候选人打得体无完肤，辩得词穷理尽。

这一次的竞选失败，完全刺激到休·罗德姆敏感的神经，他变得更加痛恨民主党。在接下来的时间里，他会强迫孩子们放弃动画片而选择收看四年一度的共和党全国代表大会的电视转播。当电视上出现民主党会议时，他会极尽侮辱，并命令把电视机关上。

正因为父亲的影响，希拉里对政治有着特殊的好感，并能够发表自己的一些见解。当然，这些见解更多是来自父亲，或者说是父亲的偏见。对身处成长期和叛逆期的孩子来说，偏见和误解确实让人别有一番成就感，能与同龄人产生某种共鸣，或者说威望。也就是说，在固定的年龄段，一个人的视野是不同的，更多的是带着偏见和误读。

在整个学生生涯，政治都是希拉里关注的问题，不管是在尤金菲尔德学校，梅因东区中学、梅因南部中学，还是在后来韦尔斯利女子学院，希拉里都是狂热的政治分子，经常参加各种政治活动，听各种政治演讲。

与政治第一次交手

在父亲的影响下，希拉里成为共和党的拥护者，对民主党则颇有微词。

1960年是美国的总统选举年，当时的两大候选人，分别是民主党参议员肯尼迪，共和党的候选人是尼克松。在电视辩论举行前，尼克松占尽优势。

这时的希拉里和父亲表现得极为一致，都支持尼克松，并坚信尼克松一定能够击败肯尼迪，成为总统。

在选举的第二天，同样支持尼克松的老师凯文来到了学校，他露出了身上的瘀伤。凯文告诉所有人，这瘀伤是在芝加哥的选举投票时被打的，原因是他在投票过程中，质疑民主党籍检票员存在作弊行为。

这个时候的希拉里，表现出父亲固执强硬的一面，她非常愤怒，利用午餐的时间，用投币电话向市长办公室投诉。

为了表明自己的态度，在接下来的周末时间，她瞒着全家人来到了南城的贫民区，帮助那里的共和党团体核对选民信息。他们挨家挨户地敲门，一一核对选票，遭到了不少白眼甚至谩骂。功夫不负有心人，到了最后，希拉里还真的找到了民主党投票作弊的线索：在一块空地上有十多位选民的登记信息，而这些被登记信息的选民，只有两个人参加了投票。

希拉里为自己发现的线索兴奋不已。但是，肯尼迪已在总统选举中以大约十万票的差距，0.1%的微弱优势赢得选举，成为总统。既然肯尼迪当总统已经成为事实，希拉里所发现的线索也就一文不值了。不过，她这一次收获了不少，开阔了眼界，学到了知识。

除了收获之外，她还得到了父亲的一顿臭骂，因为她的一声不吭地离开，让家里人在整个周末为她担心不已。

与父亲出现裂痕

军队出身的休·罗德姆有着固执的一面，但也有温情的一面。很小的时候，希拉里并不了解父亲的秉性，也不知道父亲说的话，哪些是开玩笑，哪些是认真的。随着年龄的增长，希拉里对父亲有了了解，偶尔还会在父亲面前撒娇，这是两个弟弟所不敢做，也不会想到去做的。

在11岁那年，希拉里第一次与父亲休·罗德姆发生了争吵，当然，结果不是一个好消息，她第一次被父亲“镇压”了。

对希拉里的印象，有的男孩子觉得她不够漂亮，这个问题在一定程度上是由她的打扮引起的。她戴着厚厚的眼镜片，如果不戴眼镜时，脸蛋儿还是很漂亮的，尽管上门牙多少有点外突。可父亲休·罗德姆总是不允许女儿穿花花绿绿的少女时装，在这个问题上，他跟妻子多萝西经常发生争执。多萝西认为漂亮的少女装能够培养希拉里健康的审美观，增强她的自信心和勇气。可休·罗德姆却认为，一只漂亮的花瓶会止步不前的。一个女人如果有天生的外表优势，就会阻碍她前进的脚步，只满足于做一只美丽的花瓶，供人远远欣赏而停止了学习的脚步。对此，希拉里只能认命，舍弃漂亮的衣服。有的男孩子觉得希拉里有另外一种美，外表沉着冷静，有一种高傲冷艳的美。当然，还有的男孩子认为她太刻板、太冷漠，言下之意她是性冷淡，不常出去约会，甚至有人因此在校报上调侃说，她将来会做修女。

当时的希拉里对这一切一无所知，她说："我对其他方面的追求更有兴趣，比如政治。还有一部分原因，是我在异性面前对自己很没有信心。"

11岁左右的时候，希拉里在同学们的怂恿下，喜欢上了交际舞，想参加交际舞课程，却遭到了父亲休·罗德姆的反对。因为这一点，希拉里与父亲发生了争执。

"你为什么不允许我学习交际舞？你应该知道的，交际舞是很有趣的课程。"

"我不会允许你学习交际舞的！"父亲一口回绝。

"为什么？"

"我不需要向你解释。"

"我一定要学习交际舞！"

"没门！"

"你这个固执蛮横的家伙！"希拉里有些愤怒了。

"闭嘴！"

"你不允许我学习，是不是因为钱的问题？"

"不是！"父亲已经不准备回答希拉里的问题了。

在希拉里的印象中，这是第一次与父亲发生争吵，结果不了了之。

其实，父亲坚决反对希拉里参加交际舞课程，并不是因为学费的问题，而是因为父亲的私心。他不想让女儿和男孩子们跳舞，不愿意让女儿加入恋爱的游戏当中。他不知道，希拉里的朋友圈子中大部分都是从幼儿园开始就相互认识了，他们之间早就发生过两小无猜的恋情，而且在休·罗德姆这些家长不知情的情况下，早已经在周末成群结队地去看电影了。

3. 人生导师的出现

随着年龄的增长以及与异性的接触，希拉里与父亲的矛盾也不断尖锐，与异性同学相处的每一个细节，都会遭到父亲的质疑和质问，这让希拉里非常气愤。在叛逆的青春期与苛刻严厉的家长式管理期间，一个改变她一生的人出现了。

希拉里一直记得与这个人第一次见面时的情景：一辆红色的雪佛兰黑斑羚敞篷跑车毫无征兆地停在她面前，一个充满生命活力的男人从车里优雅地走出来。

这位男士就是希拉里人生中重要的导师，他的名字叫唐恩·琼斯。那时，他刚从新泽西州德鲁大学神学院毕业。在克林顿出现之前，希拉里从来没有遇到过这样的人，对她来说，唐恩是一个介于父亲和兄长之间的人物。

作为青年指导牧师，唐恩十分有个性，与之前的几任青年指导牧师完全不同。他思想激进，充满激情与活力，并采取高调的生活方式，丝毫不在意别人的看法。

唐恩的出现，改变了希拉里一直以来的政治意识和宗教意识。通过与唐恩的交流和学习，希拉里开阔了视野。唐恩用全新的知识，以激进的角度解读了政治、艺术及传统文化。周末的时候，唐恩会带着希拉里和她的一些同学到芝加哥的黑人教堂和西班牙教堂去观摩学习，与那里的青少年交流学习。

通过这一切，希拉里意识到，原来世界上还有另外一些人过着截然不同的生活。希拉里发自内心觉得，这些黑人青年与自己没有什么两样，应该获得活着的尊严和更多的权利——上帝赋予的权利。

这些开阔希拉里视野的认知，却不能为休·罗德姆所接受。两人每次在表达对种族的看法时，都会引起争论。休·罗德姆对希拉里的一些观点表示愤怒，并认为她的观点是“荒唐而无聊，且极其错误”。

由于梅因东区中学的学生数量比较多，而梅因南区中学则因为其他原因，学生相对较少。为平衡资源，希拉里和她的同学们作为调剂生，从梅因东区中学转到梅因南区中学。

这次调剂极大地刺激了休·罗德姆的神经，他认为这样的举动很荒唐，这与他根深蒂固的种族歧视观念有很大的关系。梅因东区中学的学生是纯白人种，而梅因南部中学则是一个多种族、多民族混合教育的学校，这被一些有种族歧视观念的家长所排斥。

情窦初开的日子

和普通的女孩子一样，14岁那年，希拉里第一次有了交往的对象。有趣的是，这个对象最终因为二人对舞蹈的兴趣相投，由交往对象变成了舞伴。

转入梅因东区中学后，距离家较远的希拉里，也获得了更多的自由，开始有了更多的自由活动时间——这些原本由父亲支配的时间变成了由她自己支配。

经过好朋友贝齐的介绍，她认识了一个叫吉姆的男孩。贝齐是希拉里中学时期最好的朋友，她亲自见证了希拉里的人生经历。吉姆是贝齐曾交往的对象，分手后介绍给了希拉里。吉姆一开始并不喜欢这样的安排，他说希拉里老气横秋，脚脖子很粗，而且喜欢发号施令。总而言之，他不喜欢希拉里。不过，出于对贝齐的尊重，他同意跟希拉里出去进行“进一步了解”。

第一次约会时，希拉里有点羞涩且有点紧张，不过她很快就平静下来。他们开车出去兜风，吉姆将车停靠在一段蜿蜒曲折的车道顶端，拿出他的滑板，问希拉里以前是否玩过。希拉里以前并没有玩过滑板，但又不想露怯，就很不自然地点点头，说自己会滑。吉姆看出了希拉里的心思，他也知道希拉里是个不轻易服输的女孩子，就想给她点教训，于是不怀好意地将滑板递给希拉里，而希拉里就真的站上去了。

在吉姆的帮助下，希拉里站到了滑板上，一直滑到了山脚下。令吉姆难以置信的是，希拉里竟然没有摔跤。想让希拉里尝尝苦头，却让希拉里出了风头。

通过这件事，吉姆对希拉里的印象有所改变。最终，两人在舞蹈方面找到了共同点，并成为舞伴。

学习上的挫折

在与吉姆相处的时间里，希拉里发现了一个很不好的情况——学习越来越吃力。

在尤金菲尔德时，学习对她来说是一件很简单的事情，她能够轻而易举地取得所有学科都是A的成绩。对自己的智商，她颇有自信，认为自己是聪明的，最棒的。

可转入梅因东区中学，更多的学生精英走到了一个班级，再加上其他各个方面占用了大量的学习时间，她逐渐意识到自己绝对不是班级里最聪明的学生，如果要在学习上名列前茅，就必须付出比别人更多的努力。可即便如此，她的成绩在班里依然无法挤进优等生的行列。

希拉里有点急躁了，她最引以为傲的高智商，在人才济济的梅因东区中学失去了优势，这无异于失去了自信的源泉。她开始有意去花更多的时间来学习，吉姆的约会邀请被她以身体不适为由推脱了。网球课及橄榄球比赛，也被她以其他理由推脱了，甚至是她一直拥护的共和党的各种演讲也被搁置了。

“在进入梅因东区中学不久的那段时间里，学习几乎占用了我全部的时间。我每天不知疲惫地学习，却鲜有效果。那段时间，我有了些许的抑郁症。”希拉里说。

幸运的是，在当时的年代，很看重所谓的“全面素质”，希拉里不够理想的学习成绩也因此被“全面素质”一笔磨平了。

困扰她的学习问题暂时画上了一个句号。这件事过去之后，她又变成了往日的那个希拉里。在班级的辩论赛中，她以惊人的记忆力，充分的准备，敏捷的思维，清晰的思路，优秀的口才，将对手辩得哑口无言，狼狈不堪。

我有一个梦想

1963年，希拉里经历了一件事，带给她很大的震撼。青年牧师唐恩带着他的学生去音乐厅听马丁·路德·金的演讲，其中就有希拉里。

马丁·路德·金是美国著名的黑人民权领袖，1929年1月出生于美国乔治亚州亚特兰大市的一个黑人牧师家庭。他聪明好学，充满正义，一直致力于在世界范围内消除种族歧视。1963年8月28日，25万人响应马丁·路德·金的召唤，在美国首都华盛顿游行，争取立法保障黑人的权利。马丁·路德·金在林肯纪念馆前的石阶，对游行群众发表著名的“我有一个梦想（I have a Dream）”演说，希望白人和黑人有一天可以平等地生活在一起。在这之前，马丁·路德·金曾访问印度，并终身视印度圣雄甘地为偶像，认同甘地以和平抗争的手法争取民权。马丁·路德·金于1964年，获得诺贝尔和平奖。1968年4月4日，马丁·路德·金遇刺身亡，年仅39岁。之后，美国超过一百个城市爆发暴乱，不过马丁·路德·金的价值观已植入美国人心底，推动了种族平等的进程。

那次名为《我有一个梦想》的演讲，触动了希拉里的心灵。一直以来，希拉里都记得演讲中的内容片断：

如果美国忽视时间的迫切性和低估黑人的决心，那么，这对美国来说，将是致命伤。自由的平等的爽朗秋天如不到来，黑人义愤填膺的酷暑就过不去。

1963年并不意味着斗争的结束，而是开始。有人希望，黑人只要撒撒气就会满足；如果国家安之若素，毫无反应，这些人必会大失所望的。黑人得不到公民的权利，美国就不可能有安宁或平静，正义的光明的一天不到来，叛乱的旋风就将继续动摇这个国家的基础。

但是对等候在正义之宫门口的心急如焚的人们，有些话我是必须说的。在争取合法地位的过程中，我们不要采取错误的做法。我们不要为了满足对自由的渴望而抱着敌对的仇恨之杯痛饮。我们的斗争必须永远举止得体，纪律严明。我们不能容许我们的具有崭新内容的抗议蜕变为暴力行动。我们要不断地升华到以精神力量对付物质力量的崇高境界中去。

和马丁·路德·金一样，尽管当时的希拉里仍然坚持着保守派的立场，但是在内心深处，她也有了自己的梦想——改变世界。她希望在未来的某一天，通过自己的努力，能够改变美国的种族主义歧视，彻底消除种族歧视。

4. 第一次竞选

在整个中学时期，希拉里凭借着自己的“全面素质”，从普通的学生会成员一步步走到学生会副主席的位子上。中学时期的最后一年，希拉里决定做一件疯狂的事情——打破梅因南区中学没有女学生竞选过学生会主席的正职的传统。

梅因南区中学学生会成立以来，还从未有女学生当选过学生会主席，甚至是基本的竞争，都没有女学生参与过。因此，希拉里的这一举动在整个梅因南区中学影响很大。

学生会从所有参加竞选的人中，罗列出部分的候选人，希拉里的名字赫然在列，其余的全部是男生，都是她的直接对手。

“候选人名单出炉后，其中一位竞争对手已经在朝我‘扔烂泥巴’，评价我长相的东西赫然出现在校报上，甚至说我‘性冷淡’，‘未来修女不二人选将竞争学生会主席’。看到这些字眼的时候，我很愤怒，但我很快就平静了，这一切要特别感谢我的母亲，她性格中‘超强的自我修复能力’传给了我。我没有以牙还牙，而是选择正大光明的竞争手段，宣扬母性光辉和美国精神。”希拉里说。

在首轮的竞选演讲中，希拉里的竞争对手们狂妄自大，根本没有把希拉里放在心上。在他们眼中，希拉里只是为了“博眼球”，“凑热闹而已”。希拉里却没有自暴自弃，她认真地准备自己的竞选演讲。在整个演讲过程中，希拉里的表现令人印象深刻，很多老师都频频点头，表示认可。可惜的是，在第一轮的投票环节，希拉里的得票少得可怜，她遭遇了惨败。

此时的希拉里，才明白政治的残酷性，而这仅仅是在学生时代。

“我第一次参加竞选就落选了，对此我并不惊讶，但仍然感到受了伤害。特别是，其中一个竞争对手对我说，要是我‘真以为一个女孩能赢得竞选胜利的话，就实在是太愚蠢了’。”希拉里说道。

输掉竞选之后，希拉里很快就走出了失败，她再次用心投入到学生会的工作当中。

如果说学生时代的竞选失败让她明白了政治的残酷性的话，那么肯尼迪的遇刺身亡的消息，则让她体会到了政治超乎生命的残酷。当时，正在上课的希拉里从老师的口中听到了肯尼迪被暗杀的消息，这件事情让她很悲伤。“当时我为国家感到难过，希望多少能帮点忙，尽管我不知道从何帮起。”她说。

人生新的抉择

中学阶段快要结束的时候，希拉里面临升学的选择。一直以来，她都知道自己会上大学，至于是哪所大学，却毫无头绪。她去找学校的升学顾问帮忙，可是他却忙得不可开交，对希拉里的想法及特长又不清楚，毫无准备，完全帮不上忙，也无法提出任何建议，只是履行公事，给了她一些距离伊利诺伊州比较近的大学的简介。

幸运的是，希拉里遇到了阿尔特曼及另一位刚刚大学毕业，正在西北大学研究所攻读硕士，被分配到梅因南区中学教政治课的两位老师。两位老师结合希拉里的特长，给了她很好的指导意见，建议她申请史密斯与韦尔斯利女子学院。这两所大学都属于“七姐妹”女子院校。

19世纪的美国，在政府倡导下，女性高等教育产业开始发展。在这种潮流下，女子学院如雨后春笋般涌出。其中最为著名的有蒙特霍利约克女子学院、瓦萨学院、韦尔斯利女子学院、史密斯女子学院、布赖恩莫尔学院、巴纳德女子学院和拉德克利夫女子学院，这几所享誉盛名的学校在当时被人们形象地称为“七姐妹”女子学院。

在选择大学的时候，很多学生都是就近选择，选择距离家比较近的中西部大学。希拉里同样如此，她没有想过到外地念书。在此之前，希拉里唯一参观过的大学是密歇根州立大学，因为她入围了该校奖学金的学生名单，受邀到该校去参观。而阿尔特曼这两位老师给她建议的史密斯女子学院和韦尔斯利女子学院，她都没有去过。不过，他们告诉希拉里，如果选择这两所学院，平时可以专心学业，周末则可以自由自在地玩。

希拉里选择和父母商量，父母这一次立场一致地表示尊重她的选择。在得到父母的支持之后，希拉里同时向这两所学校提出申请。幸运的是，希拉里几乎同时接到了两所学校的录取通知书。

获知被两所学校录取后，希拉里认真地作出了选择。她根据两所学校提供的照片，决定选择韦尔斯利女子学院，理由是韦尔斯利女子学院内的沃班湖让她想起家乡的维诺拉湖。

在希拉里的同学中，没有一个人选择韦尔斯利女子学院，她们大多选择了中西部大学，距离家乡比较近。在得知希拉里的选择后，她的政治老师警告她说："这所大学有可能会改变你一直以来的政治观点。"

希拉里则不以为然，她认为自己的立场足够坚定，而且自己也足够聪明，不会轻易被改变。不过接下来的事实证明，希拉里太年轻太幼稚，在那里她轻而易举地就被改变了。

与人生导师告别

作为希拉里少女时代最重要的老师的唐恩，知道希拉里作出的选择之后，送给了她一本捷罗姆·大卫·塞林格的《麦田守望者》。这本小说反映了青少年在成长过程中所面临的种种问题，比如，极度酗酒、学习压力、精神压抑、性行为等，在此过程中发现现实世界的丑恶跟理想世界之间的巨大反差，了解了现实世界的种种丑恶、虚伪后沉湎于理想、纯真的童年世界里不能自拔。

在当时，唐恩似乎已经预感到，走进韦尔斯利女子学院的希拉里，将会步入一个全新的人生，并经历一个前所未有的生命历程。

事实上，希拉里并不喜欢这本书，她觉得这本书掺杂着太多艰涩的问题，复杂的感情，这让她感觉到苦恼。

唐恩一直充当着希拉里人生顾问的角色，在以后的几十年里，他们一直保持着书信联系，探讨信仰及人性。在信中，唐恩总是给希拉里各种各样的教诲和感悟，他始终如一地为希拉里指引着方向，尤其是在希拉里身处逆境之时，鼓励她即使是在最困难的时刻，也要“尽自己的努力为他人服务”，通过多行善事来抚慰自己不平静的灵魂。在后来的日子里，当希拉里的生活中出现坎坷和波折时，她都会以自己独特的方式，重温这些教诲。

第一次打扮自己

希拉里即将毕业了。面对即将到来的毕业晚会，她想好好地为自己打扮一下，要让所有的同学们都惊讶一下，为自己的中学时代来个最好的结尾。

希拉里以前从来没有关注过各种名牌，也根本不知道该如何打扮自己。幸运的是，她足够聪明，她认真地观察一些身形与年龄和自己很接近，打扮时髦的女子，她认真地记下她们的穿衣打扮，然后依葫芦画瓢，也添置了类似的衣服。还好，这些被她淘来的衣服，都很合身。

在认真打扮自己的过程中，她遇到了一个大问题，就是她的发型。希拉里明白发型的重要性。一款漂亮的发型可以为整体造型加分，反之，一款糟糕的发型则可能成为毁人形象的利器。即便形象再好，选错了发型，美丽也会大打折扣的。

当时，希拉里很喜欢一个有名的模特，苏西·帕克，她总喜欢在前额处把头发打成一个卷，希拉里觉得这不仅漂亮，且很有个性。希拉里决定复制苏西·帕克的发型，她为自己的发型留出了两个时辰，将自己关在房间里，认真地打理着。

可事与愿违，无论怎么努力，她的头发始终做不出那个效果来。在一次辛苦的尝试又失败后，她一气之下掰断了梳子，她觉得自己简直要爆炸了。最后，还是母亲多萝西走进她的房间，将她的头发向后梳起，又别上了一只蓝色的蝴蝶结。希拉里看了看镜子中的自己，觉得也很不错。虽然没有复制出苏西·帕克的发型，但这个也很适合自己。

就这样，希拉里终于打理好自己的发型，高高兴兴地参加了毕业晚会。

毕业晚会前遇到的事情，说明希拉里正处于发展中的完美主义，这种倾向在许多方面都有所体现。从这件事情中，也可以看出，希拉里成年之后的基本性格和内在矛盾已经初现端倪——对理想主义的坚持和对无奈现实的忍耐，追求完美的行事风格及令人诧异的脆弱情感，对个人冲突缺乏忍耐和厌恶的态度。

第三章
韦尔斯利大学

韦尔斯利学院位于马萨诸塞州，她只招收女生而不招收男生，因此也叫韦尔斯利女子学院。

韦尔斯利女子学院是希拉里的母校，它的校训是“追求卓越是一种习惯的使命”。希拉里是最成功的名片，她在那里度过了不同寻常的青葱岁月，并以此为跳板，跨入人生新的旅程。

1. 新的人生阶段

路上的小插曲

和很多即将步入大学生活，体验不一样的生活的人一样，希拉里是既兴奋又紧张。兴奋是因为父亲管束得很严格，这次能够摆脱束缚，体验一种全新的生活方式；紧张是因为希拉里独自一人置身于陌生的环境，不知道迎来的将是一种什么样的生活。

父亲休·罗德姆和母亲多萝西亲自开车将希拉里送往韦尔斯利。在这个过程中，还出现了一个小插曲，车子在波士顿迷了路，一路开到了哈佛广场。在广场上，父亲发火了，原来他看到来来往往的“疲惫派”，他很愤怒地辱骂这些人，没有担当，毫无人性，是社会的累赘，从而更加深了对他们的厌恶感。

这里所谓的“疲惫派”，是二战后美国出现的一群松散结合在一起的年轻诗人和作家，这群人自我标榜为另类文人。这一称呼最早是由著名作家杰克·克鲁亚克于1948年提出的。在英语中，形容词“beat”一词有“疲惫”或“潦倒”之意，而克鲁亚克赋予其新的含义“欢腾”或“幸福”，和音乐中“节拍”的概念联结在一起。

这个流派的年轻人不分男女，性格普遍粗犷豪放、邋遢不羁，他们的生活方式很随意，不修边幅，喜欢穿各种奇装异服，厌恶任何形式的工作和学业，拒绝承担任何社会义务，以浪迹天涯为生活模式，蔑视社会的法纪秩序，反对一切世俗陈规和垄断资本统治。对外则抵制侵略，追求和平，厌恶种族隔离，厌恶机器文明。他们永远寻求新的刺激，寻求绝对自由，纵欲、吸毒、沉沦，以此向体面的传统价值标准进行挑战，因此被称作“疲惫的一代”。

在警察的帮助下，休·罗德姆终于找到了去韦尔斯利的路。在前往韦尔斯利的路上，父亲一直在对“疲惫派”唠叨不停。希拉里很明白，父亲这是在担心自己将来会受到“疲惫派”的影响，或多或少沾染“疲惫派”的习惯。

幸运的是，在韦尔斯利，他们没有见到任何的“疲惫派”，这让父亲安心不少。

“后来，我的母亲说，在回来的路上，从马萨诸塞到伊利诺伊，她一直哭个不停。那个时候我还无法理解母亲的感受，并认为她太脆弱了，直到我自己的女儿也远赴外地上大学，我才体会母亲当时的心情。

“不过当时我只想着我自己的未来。”希拉里说道。

或许是上帝冥冥之中的安排，这次的迷路事件完全应验了希拉里即将到来的大学生活——在短暂的迷途之后，终于走上了正轨。

与新校园不合拍

走进韦尔斯利女子学院的那一刻，希拉里就觉得很不适应。她和父亲休·罗德姆及母亲多萝西的着装与行为，在她看来与周围的环境格格不入。事实上，周围的人都在忙着自己的事情，谁也没有注意到她。

在办完入学手续之后，希拉里送走了父母，此时，她正式成为韦尔斯利女子学院的正式一员。不出意外，接下来的四年，她都将在这里度过。

遗憾的是，从一开始，她与韦尔斯利女子学院的步伐节奏就出现了问题。作为一个来自中西部的乡下女孩，同时受父亲影响的保守派分子，希拉里感觉到自惭形秽。在一大群条件优越、才情过人的女孩子中间，希拉里就像是井底的青蛙一样，土里土气，视野狭隘。同班的很多同学，甚至同宿舍的同学，她们几乎都有过周游世界的阅历，有着开阔的眼界，懂得多门语言，最重要的是懂得时尚，举手投足之间充满了魅力。

在这样的环境中，希拉里明显地感觉到与周围人的不合拍。为了能跟上周围人的节拍，她努力去学习，去模仿，可每次只要开腔，周围的人就会安静下来，她感觉到深深的尴尬。可事实上，根本没有人注意到这一切。

“那个时候，我很迷茫，我觉得力不从心。我总是自以为落于人后。因此，我开始有意识地尽量不跟人交往，我总是用眼镜遮住自己的脸，将头发简单地扎起马尾。更嘲讽的是，当初吸引我到韦尔斯利的沃班湖，在圣诞节之前，我从未去看过它，我觉得它完全被我抛之脑后，尽管它就在我所在的宿舍楼下面，在宿舍就完全可以俯瞰。”希拉里这样说道。

平生第一次感觉到胆怯和孤独，感觉到与陌生的新环境格格不入，而且孤独感与挫败感越来越强烈，希拉里心灰意冷，想到了放弃。

这一天，当所有的同学都打扮得漂漂亮亮去参加学生会举办的联谊会时，她找借口留在了宿舍。她给母亲打电话诉苦，倾诉自己的失落感，并消极地表示自己根本无法应付大学生活。父亲休·罗德姆则表现得很大度，说她可以随时回到伊利诺伊，而母亲多萝西则开导她，劝她不要放弃，不要做逃兵，要勇敢地挺起胸膛，找回失去的自信。

打过这个电话，跟父母倾诉之后，希拉里心中觉得舒服了。可真正让她决定留在韦尔斯利女子学院，则是圣诞节来临之前发生的一件事。

被需要的力量

与父母沟通之后的希拉里，开始慢慢回到正常轨道，但要真正与韦尔斯利女子学院接轨，还有一段路要走。

时间不知不觉到了12月份，当地下了很大的雪，韦尔斯利女子学院内银装素裹，到处都是白茫茫的一片。

这一天晚上，希拉里和同学们都在餐厅里看书。校长玛格丽特突然出现在这里，她是一个坚强、勇敢、睿智的知识女性。

“亲爱的同学们，校长需要你们的帮助。我希望你们可以帮忙摇掉宿舍四周树木上的雪，以免树枝被积雪压断。”玛格丽特温柔地说道。

大家没有迟疑，纷纷走出餐厅，聚集在宿舍楼的周围。

在回忆这件事的时候，希拉里说道：“满天星斗下，我们在齐膝深的雪里，从一棵树走向另一棵树，摇掉树枝上厚厚的积雪。带头的一位是坚强而睿智、敬畏与呵护大自然的女性，她也以同样的呵护来引导和挑战她的学生与教职员。在普通的同学看来，那可能只是一场普通的义务劳动，可对我来说，那绝对是一种被需要的感觉，被重视的感觉。在那一晚我决定留在这里，融入韦尔斯利女子学院。”

那天晚上的希拉里，决定认真去看一下沃班湖，那个指引她来到韦尔斯利学院的“牵线人”。

寒冬中的沃班湖像一颗璀璨的蓝宝石安静地铺在校园中，在大雪的装扮下，银装素裹，雪涌水凝，平静的沃班湖与周围葱翠的苍松与洁白的雪交相辉映，构成一幅安静奇美的风景。

因为寒冷的原因，此时的沃班湖与录取通知书中的学院宣传册上的沃班湖略有不同。宣传册上的飞鸟不见了，在岸边嬉戏的行人也不见了，湖面少了几分热闹、几分喧哗，却又多了几分空灵、几分大气与从容。

希拉里安静地站在沃班湖边，她想起了曾经生活的点点滴滴，想起了造物主的圣洁、无私，想起了救赎的标记和信仰者的记号。此时的沃班湖，在希拉里眼中变成了韦尔斯利学院中最闪亮的一颗明珠，指引着希拉里未来的方向。

2. 美国社会大变革

爆发反战革命

20世纪60年代至70年代，美国爆发了有史以来最大的反战革命，持续了好几年，这个时间是美国历史上最重要的时期。当时美国面临着整个国家社会形态的巨大转变，从原本一个各方面都很保守的国家，逐渐变成了一个豪放、个性解放的国家，为什么会发生这样的转变呢？

首先，20世纪60年代的时候，美国社会发生了两件事，一是法院开始判定堕胎是合法的，二是避孕药的发明，这两件几乎是在同一时间发生的。这个时候，所有的年轻人压抑许久的性得以完全释放了出来，迸发了年轻人久违的激情。这种压抑许久的激情，任何时候都可以爆发，不仅是在性方面，在思想意识方面也是如此。

其次，就是越战的发生。自由的美国媒体刊登出了很多悲惨的画面，光着身子的小女孩儿从火海中逃出来，美国大兵在街头直接用枪顶着脑袋枪毙人……这样的画面大大刺激了美国人民。很快，国内掀起了疯狂的反战革命。

在这两件事的刺激下，美国人的反战情绪得以完全释放出来。当时，很多年轻学生的革命口号就是“要做爱，不要作战”。在当时，还发生了一件更让人震惊的事情，在美国知名的胡士托音乐节上，四十万的年轻学生，赤裸着身体在泥里翻滚，轰动了世界。

就是在这种激情的背景中，希拉里完成了人生的一次蜕变。

学院中的第一个男朋友

下定决心留在韦尔斯利之后，希拉里开始审视自己，开始用各种方法融入学校的各个社交圈子，尤其是学校的学生会。几乎没有花多少时间，她又重新找到了自信，开始结交新的朋友，并努力学习文化知识。很快，她依靠中学时期积累的社交能力，进入韦尔斯利女子学院青年共和党俱乐部的领导层。

在韦尔斯利的学生生活中，有个很重要的社交联盟，称为常春藤名校联盟。这个联盟持续了近一个世纪，活动内容有与各名校学生联谊，赴纽黑文和曼哈顿的火车之旅，博物馆的历史文化展览以及周末的各种体育赛事。

在这期间，她结识了韦尔斯利学院中的第一任男朋友。他叫杰夫，是哈佛大学的高才生。他长相英俊潇洒，身高体健，谈吐幽默风趣，有很强的政治意识。更为难得的是，他还是马萨诸塞州大学全明星队的橄榄球明星。在杰夫眼中，希拉里很有吸引力，是个很有趣的谈话对象，而且社交舞也跳得很不错。

两个年轻人，几乎是一见钟情，被对方深深吸引，很快就走到了一起。

通过希拉里给杰夫在哈佛读书期间写的情书，可以看出，当时的两个年轻人是如胶似漆，一日不见如隔三秋，希拉里坚强勇敢，同时又温柔可人，周身散发着诱人的青春气息。杰夫则激情洋溢，充满着浪漫气息。

在与杰夫交往的三年中，他们的交流包括精神、社交、政治还有性。从大一到大三，他们几乎每个周末都会见面。二人有很多的共同点，还会跟彼此的家人一起度假。从他们的信件中，可以看出，曾几何时，他们一度都将彼此作为一生的另一半。尽管希拉里从来没有在公开场合提起或承认过在克林顿之前曾和自己有过恋爱关系的男性，她也同样没有在公开场合讨论过她与杰夫的关系。而在杰夫看来，他们的关系是健康的，各个方面都是健康的，两个人一直在互相学习，共同进步。

与唐恩的交流

与韦尔斯利学院正式接轨之后，希拉里开始试图恢复与唐恩的书信交流。在这之前的几个月，他们没有了书信交流。在这之后，他们一直保持着书信往来。

在1965年与1969年之间，希拉里的政治思想发展轨迹跟同时代的数百万的年轻人有着共同的特点，尤其是那些从中西部保守家庭去到东部读大学的年轻人——由原来的保守正朝着自由主义前进，有的甚至已经成为激进分子。

幸运的是，希拉里有唐恩的帮助和指导，并未向激进的方向发展。唐恩一直在默默地扮演着她的忏悔牧师、苏格拉底式问答的对象，人生导师，还有宗教信仰顾问的角色。

情绪低落时，希拉里会在信中向唐恩娓娓道来，还会认真地向他求助。后来的30多年里同样如此，包括她的丈夫克林顿因为莱温斯基性丑闻被弹劾的时候。

在唐恩的建议下，希拉里开始认真研读神学家保罗·蒂利希的讲道词《你是被接纳的》，保罗在其中提到，慈悲与罪孽是同时存在的。在她以后的生活中，希拉里经常会带着这本书，在每一个痛苦的时刻，她都依靠宗教与准宗教的心跳来抚慰自己的心灵。

为未来导航

希拉里很聪明，眼光也足够长远。她很早就给自己做了职业定位，对自己的未来有了明确的规划。

在韦尔斯利学院，希拉里开始考虑自己的未来。她根据自身特长，列举出五种可能的职业：走在时代前沿的社会改革家、传播知识的学者、与世无争的文人、相夫教子的家庭主妇和政治领导人。不难看出，希拉里对自己很了解，五条路都是有可能的，而且都很符合希拉里的性格和人生。

希拉里思考了很久，她又结合身边的朋友和同事对自己的建议，细细思考每一种可能性。最终，她选择了第五条路，成为政治领导人。

对自己有准确定位，这只是第一步，具体该如何实现这一目标呢？

希拉里同样给自己定下了步子：第一步，让自己变得更优秀，这一切从学习和实践中来。第二步，竞选学生会主席，积累政治经验。第三步，找到正确的踏脚板，哈佛大学或者耶鲁大学，二者择其一。

3. 在政治中成长

在学生中树立威信

自建校以来，韦尔斯利学院一直恪守着一条严格的校规。很多届学生来来往往，进进出出，不管是在学校历史上留下浓墨重彩的，还是在学院籍籍无名的，都曾想改变或者废除这条校规，结果都是无功而返。偏偏是希拉里和那一届的学生，废除了这条校规。从这点来说，希拉里带给学校的变化比其他任何一届学生都要大。

韦尔斯利学院的管理者总是认为当学生们在校时，学校有责任像父母一样保护他们。为此，学校有一条严格的校规：除了礼拜天下午2点到5点半的时间之外，韦尔斯利的学生宿舍内不准有男士进入。在这个时间段内，有男士进入的宿舍，大门必须要敞开着，同时要坚持“两脚规定”，在男士造访期间，两个人的四只脚必须有两只脚同时站在地板上。来访的客人必须在女生宿舍大厅的登记处进行登记，还会有铃声和通知来宣告其身份。女士被称为“来宾”，男士被称为“访客”。

除了这些规定之外，学生们还不能在校园内开车，不能在餐厅就餐或者进城时穿牛仔裤或休闲裤，这让很多学生感到不满。

希拉里认为，学校应该废弃这些规定，因为这些规定会令学生们的选择权和学习的灵活性受到限制。在韦尔斯利学院青年共和党俱乐部的会议上，希拉里提出了自己的看法。大家投票表示支持，可没有人愿意跟学校谈判，因为在此之前，已经有很多的人去做了，结果都是碰了一鼻子灰。

希拉里没有轻易认输，她决定以学生代表的身份，与学校进行谈判。接下来，她与每一位学校的领导交谈，并用大方的仪表，充满智慧的语言，有理有据，罗列出学生们的主要意见和观点。最后，她的努力终于取得了成功——韦尔斯利学院的领导层决定接受希拉里的建议，废除这些规定。一时间，希拉里名声大噪，赢得了所有人的赞赏。

慢慢地，希拉里不但完全适应了大学的生活，而且又恢复了中学时期的活力，她变得更加积极活跃，成熟稳重，学生们也越来越信任她。在她参加的各种竞选中，积极为她拉票、投票。

希拉里天生的领导能力越来越突出，处理各种事情果断坚决，与同学、老师、学校的管理人员的关系都特别好。

几乎是火箭般的速度，在第二学期的主席竞选中，她成功地当上了主席。

矛盾的希拉里

当决定留在韦尔斯利学院时，希拉里给唐恩写了一封信，在信中，希拉里是这样说的：

我想成为一个努力学习的好学生，最好是书呆子，所有的时间都泡在图书馆里面。

开始的时候，希拉里的确是按照信中所说的那样去做，每天都努力学习，大一上学期，她把大部分的时间都花在图书馆里面。

然后，慢慢地，希拉里开始热衷于交际，广泛结交学校内的同学，经常参与各种各样的派对。

人都有两面性，希拉里也不例外。有一段时间，她为这个问题头疼不已——一方面想要努力学习，可另一方面又想不分昼夜地玩乐。

实际上，学傻了的希拉里和玩疯了的希拉里交替出现，这对追求完美的希拉里来说，是巨大的痛苦。

每到周末，希拉里看到学校中的那些公主一样打扮的同学兴奋地参加一些聚会，去一些希拉里连听都没有听说过的地方游玩，她又对自己产生了怀疑："我再努力学习，能够比得上她们吗？既然这样，我为何不加入她们之中，成为她们的一分子？"

一旦想到这些，希拉里就陷入了深深的矛盾之中。

未来充满了不安，而希拉里却又束手无策，这让希拉里苦恼不已。

政治思想发生改变

在进入韦尔斯利学院之前，希拉里的中学政治老师曾经跟她说过一句话：这所大学有可能会改变你一直以来的政治观点。

当时的希拉里并没有认可这句话，她觉得自己的立场很坚定，自己也很聪明，不会轻易被改变。而事实到底是怎么样的呢？

由于当时民权、越南战争等问题在美国不断发酵，引起越来越多美国人的关注，希拉里在这种社会背景下，开始对共和党的相关政策产生了质疑，慢慢发展为党内的自由派，开始接受不同的信息。在这个过程中，她又跟父亲产生了分歧，父女之间的隔阂越来越深。

父亲休·罗德姆的观点很明确，鄙视和反对希拉里越来越强烈的女权主义、平等主义和发展主义倾向，尤其是当希拉里已经开始阅读并接受《纽约时报周刊》上的一些观点。

在这点上，韦尔斯利学院的教授们要比梅因南区中学的老师们思想开明，他们不论属于哪个政治派别，都不会狭隘地、偏见地、盲目地服从。

接受的信息越来越多，希拉里开始学着反思，反思从小造就的保守立场，慢慢地，她具备了独立思考的能力。希拉里是一个极其专注于精神观念和宗教信仰的人，可是她似乎并不具备自我反省的本能。每次出现问题的时候，她总是习惯到处找原因。这种特点在她后来的政治生涯中，也经常体现出来，成为她自身为数不多的缺点之一。

“后来，我终于明白了，一个人的思维能力真的是太重要了。思维的灵魂在于它的独立性，否则只是人云亦云，没有独立的思想可言。因此，一个人只有在独立思考时才能有所发现，有所突破，有所创造。在后来的工作和生活中，一旦遇到问题，我就经常问一个为什么，因为思维从问题开始。”希拉里如此说道。

不仅仅是政治思想方面，在行为方面，希拉里也开始不断地作出改变。

因为美国社会变革的影响，民权平等与公民自由思想，韦尔斯利学院也进行了改革，原本只接受贵族白种人女子的学院，也开始接受黑人学生。最初，这些黑人学生令那些白人学生感到厌恶和恐慌，不过希拉里却没有对她们产生任何偏见，而是主动与她们接近。

大学一年级的一个周末，她就跟一个黑人学生一起进城去教堂做礼拜。要知道，尽管韦尔斯利学院接受黑人学生，可这些黑人学生从来没有出入过白人教堂。因此这在当时是很疯狂的一件事，而且在整个韦尔斯利学院，只有十名黑人学生。同时这也是会招致不少话题的一件事，尤其当时希拉里的身份是韦尔斯利学院青年共和党俱乐部的成员。

结果，希拉里的这一举动在校园里引起了不小的骚动。

“我在考验我自己，也在考验白人教会。我对自己的动机很感兴趣，我平时很少对此表现出好奇。可是，如果这件事发生在一年前，当我看到别人带黑人同学去白人教堂，我看你会这么想，‘看看，那个女孩居然跟一个黑人一起去教堂！她一定是想出风头，想显示自己的思想有多么开放，想标榜自己多么地与众不同’。”

希拉里在给唐恩的信中这样写道。

提高自己的影响力

1966年的暑假，希拉里回到了帕克里奇。当地的教堂为这个地区的每一名毕业的学生订阅了一份《动机》杂志作为毕业礼物。这份杂志是卫理公会教派学生运动组织的官方出版刊物。杂志上发表的观点与希拉里的传统信息来源完全不同。在这份刊物的影响下，希拉里正式开始摒弃了共和党的某些观点。

思前想后，她给自己的政治立场进行了重新定位，定位为“洛克菲勒共和党”的一分子，属于共和党的极左派。

“我的政治兴趣比美国的共和党和民主党的任何一个党派通常涉足的领域都要广泛，我的兴趣也发生了很大的转变。”希拉里如此说道。

在那个暑假里，希拉里一直在认真地思考着自己的政治方向。这天，她在岸边散步，忽然看到成百上千条的死鱼被冲上岸来。从新闻中得知，这些鱼的死亡是由于密歇根湖的湖水被污染导致的。希拉里将这些发腥发臭的死鱼埋在了沙子下面。

这件事让她很伤感。当天晚上，她给男朋友杰夫写了一封信。在信中，希拉里说：密歇根湖被污染的湖水，夺走了海滨的美景和游泳的乐趣，真让人遗憾。如果我有足够的能力和影响力，我会将它们用来保护人类，其余的用来保护大自然。

不可否认，杰夫是希拉里第一个认真交往的男朋友。杰夫的家乡是芝加哥比较富裕的地区，尽管距离帕克里奇只有20分钟的车程，但他和希拉里的生活方式却有着很大的差距。

“这个距离就像是我从保守派到自由派的距离，看起来是遥不可及的距离，实际上只是20分钟的‘车程’。”希拉里说道。

确定了政治方向之后，希拉里果断地辞去了韦尔斯利学院青年共和党俱乐部主席的职务。

第二任男朋友

希拉里和杰夫交往了近三年的时间，此后他们一直保持着朋友关系。1968年夏天，希拉里在华盛顿遇到了活力十足的乔治敦大学学生大卫。从此，她和杰夫的关系就开始疏远了。在接下来的3年时间里，希拉里一直和大卫约会。颇为讽刺的是，其中有一段很短的时间，希拉里是一脚踏两船，她在耶鲁法学院，同时也和克林顿约会。

大卫曾经就读于自有天主教的预科学校，这所学校名叫锡拉丘兹的天主教兄弟学院，后来进入乔治敦大学。大学毕业后，他拒绝服兵役，选择在佛蒙特州政府部门就职。

和杰夫对希拉里的印象有所不同，大卫眼中的希拉里是充满激情的。同时，他认为希拉里在选择恋人方面有恋父情结，喜欢傲慢的、冷嘲热讽，难以取悦的男人，就像她的父亲休·罗德姆那样，并坚持认为这是希拉里与自己约会，而舍弃杰夫的重要原因。

在大卫之前，杰夫与希拉里正式恋爱的时候，他发现了希拉里对性探索的渴望。事实上，在开始交往的时候，她在个人生活方面表现得非常保守，在那个性观念发生深刻变化的背景下，希拉里的这种坚持难能可贵。从开始的保守，到后来的受社会变革思潮的影响，希拉里开始参加各种各样的聚会，喜欢跟着甲壳虫乐队的音乐翩翩起舞，到与大卫交往，开始在不同的男生之间体验不一样的生活方式，也正应对着希拉里的思想观念的转变。

作为公众人物，这些年来，希拉里的私生活一直是很多媒体关注的焦点，捕风捉影的诽谤一直没有停下来过。在2005年，对希拉里私生活的诽谤发展到了让人难以忍受的地步。在这一年，美国超级畅销书作家爱德华·克莱因出版了一本凭空捏造、一派胡言的所谓的“揭露真相”的传记——《希拉里真相》，书中充斥着冗长乏味的性意识形态探讨。

在这本书中，所谓的“真相”包括：希拉里是女同性恋；前总统克林顿曾强暴过希拉里，并导致她怀上女儿切尔西；希拉里其实早就知道克林顿和莱温斯基的丑闻；克林顿目前正在与一名40岁出头的“金发富婆”明目张胆地搞婚外情，但希拉里深知2008年总统大选需要丈夫的鼎力支持，所以竟“默许”丈夫偷情，等等。

需要注意的是，这本书的很多消息来源都是匿名的，甚至一些所谓的相关人物根本无名无姓。更值得一提的是，这本书的作者克莱恩则直截了当地承认，我写这本书是因为不喜欢希拉里，不希望她成为2008年总统大选的候选人，更不希望她成为美国总统。因为如果她入主白宫，将会是一个“危险的、多疑的、阴险的”总统。

这本书让希拉里很不爽，她这样形容克莱恩的这部新作：这本书充斥着哗众取宠、无耻恶意的谎言，显然，有人就是靠写垃圾内容赚钱。

4. 成功竞选学生会主席

在学生会中谋职

大三的时候，希拉里准备竞选学校的学生会主席。此时的她，已经有了丰富的竞选经验，表现得像个老手。她花了三个星期的时间去各个宿舍宣传，告诉所有的同学，她将如何使大家的大学生活过得更有乐趣，更有意义，并将曾经与学校谈判，让学校取消不合理的规定的事情作为例子。

此时的希拉里才刚刚21岁，却知道如何取悦所有的同学。她总是能够找到自己与同学之间的共同利益，站在多数同学的立场上去考虑问题。比如，很多同学不喜欢在吃饭前祷告，那希拉里就会在竞选中呼吁废除它们；如果严格的课程安排令学生们不厌其烦，她就会去请求校领导们进行调整，而且她的理由相当充分——这会令学生们的选择权和学习的灵活性受到限制。

在竞选学生会主席的过程中，希拉里与另外两个竞争对手之间进行了长达一个小时的激烈辩论。双方你来我往，互有攻守。然而，需要注意的是，尽管辩论很激烈，却并没有谈到任何确定性的内容。

关于当时的竞选情况，《韦尔斯利新闻报》是这样报道的：

他们每个人都充满自信，认为自己是独一无二的人选，认为学生在社会事务上应该拥有最大的权限，在对学校的相关管理规章制度方面应该起到更大的作用。但是，因为社会阅历浅，实践水平低，在如何具体推动权力机构的改变以实现目标这一问题上，他们三人都表达得含糊不清。

结果也令希拉里比较满意，她成功地击败了另外两位候选人，当选学生会主席。这时的希拉里，异常兴奋，因为她觉得自己为拉票付出的努力得到了回报。多年后，即使克林顿已经当选了美国总统，希拉里荣升为美国第一夫人，这时的喜悦依旧无法像当年当选学生会主席的兴奋来得愉悦。报道中提到的“含糊其辞的策略”，却在20多年后，帮助希拉里当选为美国参议员。

严重的绝食事件

希拉里当选韦尔斯利学院学生会主席的那年，反战运动在美国达到了高潮。原本用来保护战后西方民主和美国理想主义的铜墙铁壁似乎被撕开了一道口子，此后的局势如洪水决堤，猛兽出笼，处于失控局面。跟美国当时所有的高等学府及其学生一样，希拉里以及韦尔斯利学院不可避免地感受到了这股力量的强烈震荡。

韦尔斯利学院方圆100英里的范围内，聚集了上万名青年激进学生。而在韦尔斯利学院内，很多学生扬言，如果校方不对他们的要求作出让步，他们将通过绝食来抗议。这是韦尔斯利学院建校以来，发生的最严重的校园事件。这也是在希拉里担任学生会主席的任期内最严重的一件事。这一绝食事件，对希拉里，对韦尔斯利学院都是非常大的一个考验。而后，希拉里提出了一个解决方案。最终，作为镇上最重要、最有影响力的学院，院方的相关领导人给地方政府的领导人施加压力，要求他们提高和改善黑人的住房条件和就业机会。同时，院方也开始扩大招收其他种族的教工和学生。

后来，在希拉里的领导和协调下，绝食事件处于了可控制的范围内。希拉里带领韦尔斯利学院的学生们，以非常自律的手段来表达抗议和不满。这一路线的方针完全符合马丁·路德·金倡导的非暴力和严格自律传统的表达抗议和抵制的手段。

最终，反战运动取得了很大的成绩，总统林登·约翰逊迫于压力，宣布不再争取总统连任。

然后，接下来的一件事情，令希拉里失去了冷静。4月4日，马丁·路德·金在孟菲斯汽车旅馆遇刺身亡，当时仅39岁。听到这个消息的希拉里难以控制自己的愤怒和悲伤，她冲进宿舍，将书包用力砸向墙壁，大喊大叫，“我无法接受，我接受不了这样的事情！我引以为傲的国家怎么会发生这样的事情？”一连几天，愤怒的火焰燃遍华盛顿的大片地区，并波及其他城市。

很快，欧洲的许多城市同样挤满了激进的学生。他们放下学业走上街头，不惜同警察发生冲突，强烈要求美国结束越南战争，同时要求当局认可学生的权力。在此之前，学生的权力从未得到过认可。

不可否认，马丁·路德·金被刺杀事件对希拉里的触动太大了。在希拉里心中，他一直是正义和自由的化身。她大哭不止，很久都难以忘记那种痛彻心扉的感觉。

马丁·路德·金被刺杀事件逐渐平静下来。这时，暑假也到了，希拉里决定回到家乡帕克里奇去度假。

6月份，当希拉里刚刚回到家中，她又得知了一件可怕的事情。她的母亲在半夜走进她的房间，把她叫醒，并告诉她，即将获得总统提名的肯尼迪在洛杉矶被暗杀。对这件事，希拉里同样感到伤心，却又无能为力，只能为他们祷告，并对美国的未来充满了担忧。同时，她更加明白政治的残酷性。

担任志愿者

希拉里所参与的政治活动并不仅仅局限在韦尔斯利学院里，而是深入到社会上，作为志愿者参与竞选活动。

1968年1月底，越南发动了规模空前的“春节攻势”，美军遭受了很大的伤亡。“春节攻势”的惨烈状况经美国媒体报道后，在美国公众中造成了震惊，学生们对越战正义性和道德性之间的争论越来越少。

针对这一切，希拉里心中很清楚，战争的结束依然遥遥无期。在政治思想上，她开始放弃协调自己在越战中的矛盾心态，转而支持戈德华特竞选总统，同时指出明尼苏达州参议员尤金·麦卡锡取代约翰逊成为民主党总统候选人。周末的时候，她组织了一群韦尔斯利学院的女生一起开车到新罕布什尔州去做志愿者，在该州帮助尤金·麦卡锡拉票，并成为竞选指挥部中的一员。在3月份的初选中，尤金·麦卡锡得到了42%的选票，初步赢得了胜利。

作为感谢，尤金·麦卡锡亲自到竞选指挥部中感谢学生志愿者，希拉里见到了他，对政治的狂热因此进一步升温。

颇具有讽刺意味的是，在之前的时间，希拉里还曾作为13名被选取的学生之一，参加了1968年夏季韦尔斯利学院华盛顿实习项目，并且是作为共和党的拥护者，被派往共和党在国会组织机构的实习。当希拉里到达华盛顿的时候，希拉里却属于“心在曹营心在汉”，对共和党的拥护之情早已荡然无存。

在接下来的实习时间内，希拉里的主要工作是接电话，并整理电话记录，同时，她也小心翼翼地不让别人知道自己与民主党的联系。尽管心中颇为矛盾，但她早已习惯这样的状态，并从容地应对这些工作。

此时是美国历史上意见分歧最严重、局势最不稳定的时期。在实习的过程中，希拉里借助实习的优势，学到了很多。最重要的是，她通过亲身体验，初步了解了华盛顿的行为方式。

希拉里的实习期限是两个月。在实习期临近结束的时候，她作为志愿者参加了迈阿密共和党大会。这一行为的目的是支持纳尔逊·洛克菲勒，他们要面对的直接对手是理查德·尼克松，阻止他获得总统候选人提名。而最终的结果是纳尔逊·洛克菲勒被击败，尼克松获得了共和党的党内提名，党内的保守派势力开始占上风。希拉里对共和党更加绝望了，她彻底地离开了这个阵营。

很多时候，希拉里都是矛盾的。在参与共和党政治活动的时候，心中却牵挂着民主党。这是一个值得注意的现象。

难以置信的恐怖场景

从迈阿密回去之后，民主党全国大会即将在芝加哥举行，希拉里决定去看看。由于父亲是共和党的狂热分子以及鄙视民主党的关系，希拉里决定瞒着家人，去往芝加哥。

在当时，由于罗伯特·肯尼迪的身亡，尤金·麦卡锡成为与休伯特·汉弗莱竞争总统候选人提名的唯一对手。不出意外的话，休伯特·汉弗莱应该是稳操胜券。然后，成千上万的反战游行示威者不断冲击大会，其中有阿比·霍夫曼领导的雅皮党，他们的目的就是打断大会进程。

雅皮党是60年代反战运动中最敢玩最会玩的左翼激进社团，创始人是阿比·霍夫曼。要了解雅皮党，可以看一下后来审判阿比·霍夫曼的庭审片段，罪名就是在1968年的民主党全国大会上阴谋煽动骚乱事件。

律师：请向法庭陈述一下你的身份。

阿比·霍夫曼：我叫阿比。我是个美国孤儿。

律师：你住在什么地方？

阿比·霍夫曼：我住在伍德斯托克王国。

律师：能告诉法庭和陪审团它在什么地方吗？

阿比·霍夫曼：是的，它是那些疏离的年轻人的国家。我们在脑海中将它携带，就和那些苏族印第安人将自己的苏族王国带在身边一样。那是一个人们献身于合作而不是竞争的王国，在那里，人们不靠财产和金钱交易，大家的交往建立在完全不同的基础上。那是一个献身于……

法官：就说它在什么地方吧，在什么地方？

阿比·霍夫曼：它在我的心里，在我的兄弟姐妹心里。它并不是由财产或物质构成的，而是由思想和价值……

法官：不，我们想知道的是居住地，如果你有的话。做生意的地方，如果你有生意可做的话。不要给我们谈哲学和印第安人，先生，就说你住在哪儿。

现在，你说是在伍德斯托克，在哪个州？

阿比·霍夫曼：在我们的心境，在我和我的兄弟姐妹的心境之州。

阿比·霍夫曼带领雅皮党成员在1968年美国民主党全国大会上成功推出自己的总统候选人——一只名叫“不死飞猪皮伽索斯”的猪，他们的竞选口号是——“他们推选吃人的总统，我们推选被人吃的总统”。

阿比·霍夫曼和他的雅皮党这种街头政治讽刺剧式的战斗方式，影响了很多人。他很聪明，也很有智慧，他认为当时的美国社会，需要进行一次根本的变革，一次灵魂深处的革命。

在希拉里到达芝加哥之后，看到了她生平从未见过的场景，而这些场景影响了她的一生。

在民主党大会正式召开之前，游行示威的主力军雅皮党与警察之间爆发了激烈的冲突。芝加哥警察对游行示威的年轻人拳打脚踢，很多与他们年纪相仿的年轻人当场丧命，空气中到处都是催泪瓦斯的味道。原来，这一切的始作俑者是时任芝加哥市长的理查德·戴利。他亲自下令，可以攻击并逮捕游行示威者。

芝加哥警察得到了市长的命令之后，率先向示威者投掷了催泪瓦斯。这一举动不仅没有驱散示威者，反而彻底激怒了示威者，示威者开始制造纵火和暴乱。警察为控制局势，开始用警棍袭击示威者。最终，场面完全失控，到处是鲜血、绷带、火焰和催泪瓦斯。很多的年轻人在暴乱中流血受伤、死亡。整个美国的注意力一下子集中在芝加哥。

那些恐怖的场景都在希拉里的眼前发生，她难以置信，她甚至联想起了电视上越战的惨烈画面。

“原来我们的政府竟然可以对人民下如此毒手。”希拉里如此说道。

5. 人生的十字路口

选择耶鲁大学

四年的大学生活即将走到尽头，希拉里又面临新的抉择，她要选择一所适合自己继续深造的大学。

几乎是毫不迟疑，她将目标定格在哈佛法学院和耶鲁法学院之间。之所以选择法学院，是因为在她看来，律师改变世界的能力最大。而之所以选择哈佛和耶鲁，是因为这两所学校在美国的政治竞争中表现得最为出类拔萃——在此之前，美国历史上的总统，毕业于哈佛和耶鲁大学的占据三分之一。

两所学校之所以这样，有以下几个方面的原因：

首先，哈佛大学和耶鲁大学拥有卓越的威望。能够成为总统候选人，不可或缺的条件就是能力、财力和人气。能够拥有一所威望极高的大学的金字招牌，这是得到选民信任和凝聚人气所不可或缺的要素。

其次，两所高校具有无与伦比的人脉。在社会活动的各个方面，哈佛和耶鲁两所名校都贡献了不计其数的杰出人才。据统计，两个学校都有超过300年以上的历史，从两所学校毕业的学生，会定期不定期地参加各种活动等，仅凭校友捐赠资产一项数据，就足以说明这两个学校培养的成功人才是如何了得，这为其人脉的累积奠定了其他学校难以匹敌的基础。

再者，两所学校具有最响亮的招牌以及高水准的教育质量。作为哈佛和耶鲁大学毕业的高才生，都拥有超凡的表达和说服能力，而这些是总统候选人最有力的资本。

要想在激烈的总统竞选中过五关斩六将并最终夺魁，顶级名校的背景所发挥的功效是不可低估的。凭借这种得天独厚的条件而成功的人，反过来又会增添其母校的光彩。如此良性循环，这就是哈佛和耶鲁被誉为美国总统摇篮的秘诀。

凭借着自身实力，没过多久，希拉里就得到了哈佛大学和耶鲁大学的录取通知书。和从梅因南区中学升入大学要作出选择一样，希拉里再一次走到了命运的分岔路口。

站在人生的岔路口，她没有像当初凭借一本薄薄的宣传册就选择韦尔斯利学院那样，而是到哈佛大学法学院去实地考察一番。经过考察，她最终坚定地选择了耶鲁大学法学院。当时，希拉里经过韦尔斯利学院一位老师的介绍，认识了一位著名的哈佛教授。在作了简短的自我介绍后，这位教授对希拉里并没有表现出多少兴趣，而是平淡地对她说："好吧！首先，我们并没有什么势均力敌的竞争对手；其次，我们这里并不需要更多的女学生。"

这位教授的态度，让哈佛大学失去了一位足以载入美国史册的大人物。1969年秋天，希拉里来到了耶鲁法学院。

毕业典礼上发言

和其他学院一样，韦尔斯利学院的毕业典礼也从来没有学生代表发言的传统。然而，在1969年，在美国各地的大学中，由于学生权利意识的觉醒，很多学生都要求能在毕业典礼上听到他们自己的呼声，否则就联合抵制。

作为学生会的主席，希拉里和许多有影响力的同学也决定争取这一权利，要求韦尔斯利的校长允许学生代表在毕业典礼上发言。

在这一问题上，韦尔斯利学院的校长玛格丽特并没有答应，而是否决了这一提议。希拉里和同学们对这个决定很不满。她们表示，如果学校不改变主意，她们就会另外组织一个毕业典礼。

作为校长的玛格丽特感受到了学生的这种势不可挡的强烈愿望。于是，她放下疑虑，点头同意了学生们的要求。很快，希拉里被作为学生代表的人选在毕业典礼上发言。玛格丽特对希拉里的印象一直很不错，在她看来，希拉里的发言应该是程式化的，不会引起争议。

对于在毕业典礼上的发言，希拉里一直没有考虑好应该说什么。毕竟，四年的大学生活，视野和知识面都拓宽了很多，至于什么样的内容会适合在毕业典礼的场合上，她也没有清晰的思路。

为此，希拉里在毕业典礼举行之前，针对发言内容征求过很多同学的意见，同学们都提出了建议，针对这些建议，希拉里也认真地做了记录。

1969年5月的最后一天，韦尔斯利学院第91届毕业典礼举行了。毕业典礼安排在学校礼堂和图书馆之间的一块草坪上，布置得隆重又欢腾、庄严又温馨，所有的学生、老师、行政人员和家长都聚集在一起，包括希拉里的父亲休·罗德姆，多萝西因为身体原因未能参加。

在典礼开始之前，校长问希拉里一会儿会讲些什么，希拉里若有所思地说："还在考虑！"

韦尔斯利学院的毕业典礼邀请了马萨诸塞州参议员爱德华·布鲁克作为发言人。他是一位共和党人，还是当时参议院中唯一的一名黑人参议员。

在演讲中，爱德华·布鲁克除了用一些官方的语言寒暄外，还说出了一些政策性的东西，比如为尼克松的政策作了辩护。

"爱德华·布鲁克的行为让我既失望又愤怒，他似乎认为台下的400名女学生不会对他的话质疑，不过事实却并非如此。"希拉里说道。

正是爱德华·布鲁克的发言，让希拉里在临近登场时，完成了自己的演讲内容。

在学生们的掌声中，希拉里走上演讲台。不过，她没有按部就班拿出准备好的发言稿，而是做了一场即兴演讲。在演讲中，希拉里这样说道：

今天，我代表400名毕业生在这里发言。

在过去的很长一段时间内，我们这一代人一直处在一个我很熟悉的、会自然做出反应的立场上。然而，我们还没有获得权力，也没有担任领导岗位，但我们的确肩负着责无旁贷的任务：批评、建设、抗议。我们可以感同身受很多东西，我们也极富同情心，但我们感觉到，领袖们一直把政治作为一门权术，而且他们耍这种把戏已经有太长时间了！现在的任务，是需要运用政治将看似不可能的事情变为可能。

在接下来的演讲中，希拉里谈到了许多让学生们感到兴奋的话题，比如官员和政府机构的公信力问题，毕业生踏入社会将要遇到的挑战等问题。希拉里的思路很清晰，她的演讲代表了那一代人的思想和困惑。

就是这样的演讲，让希拉里赢得了同学们由衷的掌声，也吸引了媒体的关注。她的演讲内容和照片被登在时代集团的招牌刊物《生活》杂志上，还有芝加哥的一家电视台对她进行了采访，并认为希拉里是美国三位最出色、最有才华的学生激进分子之一。

只是，希拉里的演讲让校长玛格丽特很不满意，毕竟爱德华·布鲁克是她邀请来的贵宾，希拉里不留情面地反驳他，是很失礼的举动。同样，作为共和党忠诚拥护者的父亲休·罗德姆同样很不自在，在毕业典礼结束后，他默默地离开了。

第四章
耶鲁的爱情与人生

在希拉里与克林顿的邂逅中扮演了“红娘”角色的耶鲁大学创建于1701年，是美国第二所最古老的高等学府，是美国乃至全世界都无比仰慕的学府。

对于希拉里来说，耶鲁法学院是她人生中一个非常重要的转折点。在这里，她不仅为自己日后的政治道路打下了坚实的知识基础，更有意义的是，她找到了和自己一样有着高度的政治趣味和远大的政治理想的终身伴侣——丈夫克林顿。

而对克林顿来说，耶鲁法学院不仅成就了他未来的事业，为他在以后政治生涯中取得显赫成绩储备了丰富的“知识财富”，最为重要的是，他找到了陪伴自己一生、不断用自己的大义宽恕他的错误的伴侣和成就事业所需要的最重要的同盟和伙伴。

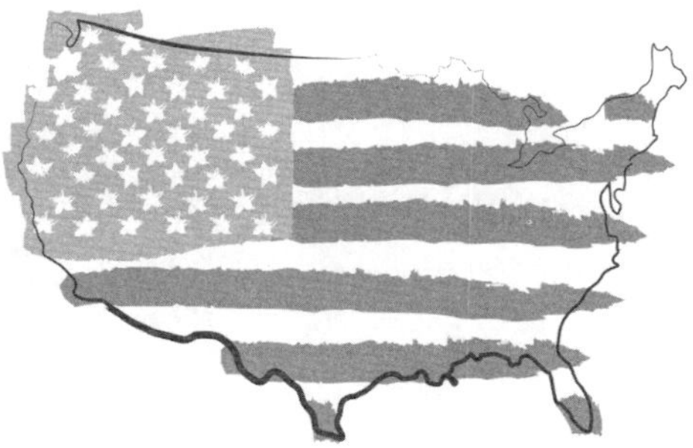

1. 美国社会大背景

非凡的社会背景

1970年前后的学生是比较特殊的一代，摆在他们面前的问题不是传统的功课，而是关乎他们未来命运将如何的一件大事，更是摆在所有美国人面前的一件大事——年轻人要应征入伍去越南参战。

1968年，尼克松在参加总统竞选时，向公众许下承诺，说他一旦当选美国的总统，就会立即结束越南战争。很多选民相信了他的承诺，尤其是一些年轻人。可是他不仅食言，还引发了国内的“战争”——推行的“光荣和平”战略计划了各种各样的矛盾，包括国际的和国内的。

可以这么说，在希拉里就读耶鲁法学院的4年时间里，整个美国为了实现尼克松推行的“光荣和平”的战略目标，有超过2.5万名美国士兵、几十万越南人及柬埔寨人付出了生命的代价。

“这看起来就像是政府‘在跟自己的公民打仗’，《宪法》赋予人们的言论自由和集会权利正遭受由上至下的恶意侵犯。”希拉里这样说道。

进入耶鲁大学

1969年9月，在一个秋高气爽、阳光明媚的日子里，希拉里怀揣着远大的梦想，踏进了耶鲁大学的校门。在耶鲁大学，荟萃着美国许多一流学者和品学兼优的学生。当时的耶鲁法学院所录取的235名学生中，仅有27名女生。

在这个时候，希拉里在韦尔斯利学院的一个好朋友，邀请她去参加自己的婚礼。这已经不是希拉里第一次遇到这种情况。希拉里明白，在这些女孩子中，有相当一部分同学，一毕业就化身为商品，被陈列在婚姻市场中进行展示，出售给那些垂涎其年轻与美貌的男人，希拉里却并不愿意这样——进入耶鲁大学就是她最大的美貌及财富之一。

韦尔斯利学院是名牌大学，聚集着全美国成绩优秀的女学生。但她们并不是整个美国学习成绩及综合素质最好的学生，成绩最好的学生去了耶鲁。这意味着韦尔斯利学院汇集着中学时期各个班级第一名的学生，而耶鲁大学则拥有各个学校的第一名。

和刚升入韦尔斯利学院不同，希拉里在耶鲁大学没有感觉到任何不适，她已经具备了较强的适应能力，能应对各种不同的环境。

第一次置身于耶鲁大学的校园内，希拉里被耶鲁大学特有的建筑深深吸引，校园内漂亮的哥特式建筑和乔治王朝式的建筑与当代的建筑交相辉映，把整个校园点缀得十分古典和秀丽。刚入秋的校园中，金黄色、暗红色的落叶铺满每个角落，阳光斜照着那些由黄褐色巨石建成的古色古香的巍峨建筑物。耶鲁大学厚重的历史感，美丽庄严的文学气息，让希拉里在心底暗暗发誓，将在这里度过不一样的生涯。

加入法学期刊编辑部

在韦尔斯利学院读书的时候，希拉里已经声名远扬。当她进入耶鲁大学的时候，很多人都在国家级杂志《生活》上看到过她的照片。在法学院的第一年，希拉里似乎是专门用来帮助自己进一步出名，她首先做的就是要加入法学院学生主办的法学期刊《法律评论》。

一个人的法律素养要想在美国法学院中得到学生的认可，加入学生主办的法学期刊《法律评论》编辑部是不可或缺的途径。在整个美国大学中，没有哪一所大学的《法律评论》的影响力和重要性比得上哈佛大学或耶鲁大学法学院。

进入耶鲁法学院不久，希拉里就积极争取加入编辑部。她结合当时美国社会的大环境，收集了很多法律方面的案例，这些都被她作为加入编辑部的资本。在面对《法律评论》杂志的学长们阐述自己的想法时，希拉里是这样表述的：

《法律评论》的第一期，一定要开创一个新的研究性学习方案，这是超越法律界传统领域的研究性课题，是我们突破这种狭隘做法的一个尝试，成功与否并不重要。我希望能够在《法律评论》中展示那些以通过务实态度解决美国社会问题为主旨的法律学术活动和新闻报道形式。

很幸运，在1970年的春天，《耶鲁法律与社会行动评论》发行了创刊号，希拉里的名字出现在编委一栏中。这份期刊的名字本身就表明了它的目的，正如希拉里所阐述的那样。

很明显，希拉里的兴趣并不在于法律学术的研究，而是在于法律行业以及应用法律为人们服务，特别是应用法律为穷人服务，这是希拉里加入杂志编辑部的初衷之一。

在不久之后，《法律评论》的创刊号上被另外两个议题长期占据着，这就是战争问题和黑豹党运动问题。当时，在市中心的联邦法院，黑豹党主席波比·希尔和他的七位下属接受了审判。此前，他们被控谋杀了一名黑豹党成员，据传被杀者是警方的内应。上万人举行了游行示威活动，抗议这场审判，理由是总统尼克松对司法部施加了政治压力，妄图迫害黑豹党。最终，这个案子因为陪审团分歧较大而无法做出最终裁决。

出名要趁早

20世纪六七十年代之间，美国出现了一个非常活跃的黑人左翼激进政党，这个政党自称黑豹党，是一个由非裔美国人所组成的团体，宗旨主要为促进美国黑人的民权。同时，他们也主张黑人应该有更为积极的正当防卫权利，即便使用武力也是合理的，这实际上就是在建立黑人革命政权。在1970年之后，该政党的多位领导人被处死、暗杀及被判处长期监禁。

根据报道，黑豹党的多位领导人都特别崇拜毛泽东，据说他们更是人手一本毛主席语录，而且不少人都加入了美国共产党，这其中就包括一位女哲学博士——安吉拉·戴维斯。

审判黑豹党的事件，引起了众多民众的不满，尤其是青年激进分子。在希拉里刚进入耶鲁法学院没多久，学生中的激进分子就占据了主校区，其中有不同的派系——雅皮党成员，黑豹党拥护者，激进的反战倡导者，激进的左翼分子，无一例外，他们都宣扬自己反传统文化的精神。耶鲁大学将这段时期称为“暗黑时代”，这些不同的派系成员强迫老师采用“通过”与“不通过”的评分标准。因此，后来有人说，只要是耶鲁法学院录取的学生，就不会被劝退，这和“暗黑时代”有很大的关系。

时势造英雄。这样的大事件，热衷政治的希拉里当然不会缺席，尽管她还只是一名新生，但在耶鲁法学院已经有相当的影响力。

这个时候的希拉里，表现得像个老手一样，小心翼翼地周旋在各种极端势力中间。她凭借超凡的智慧和思维，安抚极端势力的激动情绪，与各种极端势力找到共同的利益点，虽认同游行的目的，但始终坚持原则——游行示威应该是平和的，理智的，不理智的行为只会招来法律的惩罚，不会有目的实现的那一天。

很快，这一事件开始朝着可以控制的方向发展，并最终井然有序。这一事件使同学们更加佩服希拉里。耶鲁法学院的领导们像是突然被电流击中了一样，他们在想：希拉里的身体里到底蕴藏着多大的能量？这个来自伊利诺伊州的女学生到底能在美国的政治界走多远？

2. 政治上的新星

参加妇女选民联盟大会

凭借优秀的表现，年仅23岁的希拉里有幸受邀参加在华盛顿举行的妇女选民联盟大会，并在大会上发言。这一活动让她的知名度和影响力进一步得到了提高。

5月7日，希拉里作为大会发言人之一站在了演讲台前。她的装束与台下的听众产生了强烈的共鸣——她佩戴着醒目的黑袖章——纪念几天前发生在肯特州立大学枪杀事件中的四名学生。在演讲中，当她讲到“美国入侵柬埔寨的军事行为是违背美国《宪法》”的行为时，情绪异常激动，并将事先没有准备的东西也讲了出来，就是把发生在各大学校园里惨烈的示威行动介绍给台下的听众。

颇具讽刺意味的是，35年后的希拉里，同样面对着美国从伊拉克撤军的情形，此时的她，却说要等到完成预期的政治和军事目标时，才会从伊拉克撤军。这时的她，不再慷慨激昂，而是妥协，这使得民主党左派中很多支持她的人开始与她渐行渐远，还有一些人开始对她产生了疑问。对越战争与对伊战争中截然不同的态度是否表现她不再充满激情，或者说是年轻幼稚了呢？抑或，这只不过是一个野心勃勃的政治家为了政治前途而全盘否定了年轻时所坚持的价值观和原则呢？

也许，这是希拉里步入政治舞台必须要作出的一个改变吧！

当然，她还有更大的收获，那就是结识了很多青年中的佼佼者，这些人在以后的30年里成为克林顿集团中的骨干人员。她还认识了玛丽安，她是美国儿童保护基金会的负责人，毕业于耶鲁大学，算是希拉里的学长。她在联盟大会上作了题目为“儿童与法律”的演讲，这一演讲引起了希拉里很大的兴趣。

联盟大会结束后，希拉里主动找到了玛丽安，告诉她自己很喜欢她的演讲，被她的演讲深深打动了，而且对儿童福利产生了浓厚的兴趣，同时表示愿意在暑假时参与玛丽安的“华盛顿研究计划”，也就是儿童保护组织。玛丽安虽然对希拉里不甚了解，但依然答应了她的请求。

未来的方向

希拉里迎来了在耶鲁法学院的第一个暑假。之前，她的父母给她写了一封信，希望她在暑假期间可以回家一趟。希拉里明白，这是父亲的意思。父亲似乎对希拉里的政治意识发生转变很不高兴，想与希拉里谈一谈。对此，希拉里并不愿意，她不愿意因为政治问题与父亲发生争论。当然，她的父亲也明白，女大不中留，毕竟女儿是一个人，不是自己的附属品。恰在这时，玛丽安派希拉里去佛罗里达州的埃弗格莱茨市，调查当地的甘蔗种植工人子女的健康和教育情况，希拉里欣然前往。

佛罗里达州是亚热带湿润气候，它以温暖的气候、随风飘荡的棕榈树和广大的沙滩而闻名，只是，希拉里此行的目的是去对工人的子女进行调查，而不是旅游，美丽的风景她根本无暇顾及。

在埃弗格莱茨市进行的调查中，她被那些聪明乐观的孩子深深吸引住。这个地区的工人都是临时工性质的，是流动性的，当甘蔗收割季节到来后，这些工人会从墨西哥跨国境线而来，用自己的劳动力去赚取一些微薄的收入。当甘蔗收割季节过后，他们又会回到墨西哥去。这些工人的孩子，也会跟随着父母，像迁徙的候鸟一样来回奔波。

在调查的过程中，希拉里认识了一个叫玛丽的7岁女孩。玛丽特别聪明、懂事，很会讨大人的欢心，希拉里对她更是爱得不得了。她为希拉里介绍了很多小伙伴，这些小伙伴帮助了希拉里顺利完成了调查，掌握了甘蔗种植工人子女的教育和健康情况的第一手资料。

玛丽的父母经济条件并不好，甚至在女儿第一次受洗时都无法给她买一条新裙子。希拉里知道后，亲自为她买了一条新裙子，这让玛丽的母亲感激涕零。

这一次的暑期经历，让希拉里受到了巨大的震撼。

儿童的代言人

从那个暑假开始，希拉里觉得自己似乎找到了一生努力的目标——成为美国儿童的代言人。这是法律中很少有人触及的一个新领域，之前它只在《家庭法》中有所体现，且仅仅是作为其中的一个条例。

在读研究生二年级的时候，希拉里申请进入纽黑文法律事务所担任志愿者，并顺利通过申请。这家事务所经常向一些穷人们提供法律帮助。

纽黑文法律事务所是私人法律学校，是耶鲁法学院的前身，最早的创始人是大卫·爱杰特和赛斯·斯塔普斯，这二人先后成为纽黑文这所城市的市长及著名大律师。这家律师事务所有着久远的历史，在律师界拥有很广的人脉。在这里，希拉里了解到受虐儿童需要一个属于自己的辩护人。

在这里，她参与过一起很有代表性的案子，一个儿童监护案。一位年轻的法律援助律师佩恩·罗登代表一名50多岁的黑人妇女向康涅狄格社会服务局提出诉讼，原因是该局曾经做出一个很不符合人道主义的决定，就是养父母不可收养孩子，而这名黑人妇女收养了一个两岁的小女孩。后来，女儿被社会服务局的工作人员强行带走，令母亲痛不欲生，这也将给孩子带来长期的心理伤害。

遗憾的是，康涅狄格州法院却驳回了黑人妇女的收养请求，并要求康涅狄格州社会服务局给这个小女孩找一个“更合适的家庭”。佩恩·罗登律师最终败诉，没有给黑人妇女帮助成功。不过，希拉里却从此真正找到了自己的使命。

从此，为儿童争取权利的运动开始展开。希拉里认为，受虐儿童属于“儿童公民”，有权和成年人一样享有《宪法》赋予的相关权利。她从自己的母亲多萝西小时候受虐待的遭遇和当前某些父母对孩子所做的可怕事情之间找到了内在联系，她想帮助这些孩子。

“这件特殊的案子，尽管我们输了，但我终于找到我学习法律的目的，就是帮助那些孩子。”希拉里说。

然而，十几年后，希拉里为儿童争取相关权利而发表的学术作品以及所做的工作，成为政敌攻击克林顿的突破口。他们通过夸张的漫画，对希拉里的行为进行讽刺，并送给她一个很难听的称号——“左翼理论家的伪善”。“这完全是一种‘反家庭’的观念，让12岁的孩子拥有起诉父母的权利，这是一件多么可怕的事情。这无异于让一个襁褓中的婴儿去签署严肃的法律协议，简直是疯狂、幼稚的行为。”

3. 与众不同的伴侣

克林顿的出现

在耶鲁法学院的日子里，希拉里成为同龄人中最耀眼的明星，几乎没有人不认识她。这让她觉得很受用，很充实，也很有成就感。

众多关注她的人中，有一个人一直陪伴她一直走到今天，就是后来成为美国总统的克林顿。

克林顿比希拉里大一岁，出生于1946年8月19日的阿肯色斯州的霍普，后来在温泉城长大。他的原名叫威廉·杰斐逊·布莱思三世。其父威廉·杰斐逊·布莱思在克林顿还未出生前在一场交通事故中丧身。他的母亲维吉尼亚·戴尔·卡西迪在1950年又与罗杰·克林顿结婚，克林顿就是由母亲和这位继父抚养的。长大后的威廉·杰斐逊·布莱思三世出于对继父的尊重，将姓氏改为“克林顿”。

可事实上，他的继父并不是一个合格的父亲。他是个名副其实的赌鬼与酒徒，经常虐待克林顿的母亲和他同母异父的兄弟小罗杰。不过，对克林顿还算不错。

克林顿很聪明，成绩很不错，尤其喜欢萨克斯，是个很不错的萨克斯演奏手，曾一度想要成为一名专业的音乐家。高中时的一次经历，让他改变了理想。高中时，他作为全国学生代表到白宫接受了当时的美国总统肯尼迪的接见。这次的白宫之旅让他下定决心要成为一名政治家。

1964年9月，克林顿高中毕业后进入华盛顿特区的乔治敦大学，主修国际事务。在乔治敦大学期间，克林顿获得罗德学者奖学金，使他得以在毕业后到英国牛津大学进行为期两年的深造。

在牛津大学深造时，克林顿真正实践了“读万卷书，行万里路”。他广泛阅读专业书籍，广游欧洲各地，同时参加反对越南战争的抗议活动。在抗议活动中，克林顿通过一系列活动想方设法帮助自己逃避兵役，这成为他后来的一个政治污点。在政府的征兵令下达后，他投机取巧，加入了阿肯色大学法学院的一个预备役军官训练团，使征兵令失去效力。后来，义务兵役制度开始削减征兵名额，改为抽签制。当他发现被抽中的概率不大时，便退出了预备役军官训练团。在写给其前任指挥官的信中，克林顿解释说，他之所以加入预备役军官训练团，是因为要避免为一场他所反对的战争服役，同时又能保护自己的“政治生命”。不可否认，克林顿是一个善于钻空子的人。

获得罗德学者奖学金的克林顿，留学于牛津大学。可克林顿在还差两个学期就能拿到牛津大学学位的时候，离开了牛津，进入耶鲁大学法学院。很多人对此表示不理解，可克林顿却对此有着很充足的理由，他要在最优秀、最聪明的美国同龄人中证明自己的能力，提高自己的影响力，期待有一天能够荣归故里，回到阿肯色州参加公职竞选，成为国会议员并入驻华盛顿。

事实上，克林顿的这一举动还被解释成逃避兵役，这在后面会有详细的论述。

克林顿很自信，在高中时期，他身边的很多人都认为他将来有能力入主白宫。但在牛津大学深造期间，他发现牛津在政治方面的影响力无法与耶鲁大学和哈佛大学相提并论，也就是说，牛津大学只能够帮助他进入政治圈，却无法让他成为政治圈中的耀眼明星。要称为政治圈中的耀眼明星，就需要获得美国权威机构的支持，对他而言，进入耶鲁法学院就是理想的踏脚板。

第一次见面

二三十年后，希拉里和克林顿经常会谈起那个浪漫邂逅并相亲相爱的爱情故事，而且还会“添油加醋”地进行戏剧化的处理，增加一些上帝的特意安排的环境。不过，这个爱情故事却忽视了这样一个事实：在1970年9月份的一个联谊会上，他们就已经经人介绍互相认识了，可当时谁也没有留意对方——自命不凡和野心勃勃的人，很难记得住不如自己的人。

在希拉里与克林顿真正相识之前，克林顿的身边有一位女友，而希拉里仍在与大卫约会。

当时的希拉里属于校园中的明星人物，几乎没有人不认识她，克林顿也是如此。可尽管如此，克林顿第一次真正注意到她，是在一节民权课堂上。希拉里干练、利落的发型，冷峻的面孔，对克林顿来说，都充满着致命的吸引力，让他彻底记住了她。

而希拉里注意到克林顿，则要稍微迟一些。当时，希拉里与一位同学在图书馆休息室里买咖啡，听到与她擦肩而过的一个男子说：“……不只是这些，我们种出了世界上最大的西瓜。”

希拉里对这句话充满了好奇，就问身边的同学那人是谁，同学告诉她那是来自阿肯色的克林顿。希拉里又多看了一眼克林顿，当时的克林顿留着金色长发和北欧海盗式的胡须，个子高高的，蛮有吸引力。

关于克林顿的话题就此在两个朋友间打住，希拉里当时并没有意识到，那人会是自己未来的丈夫。

或许是上帝的有意安排，在接下来的一段时间内，两人居然相遇过很多次，但交集仅限于互相对视，或是礼貌性地点头，并没有进一步的深交。

一年之后，在学校的法律图书馆中，正在看书的希拉里一时间感到百无聊赖，便顺着右侧的门向外望去，忽然看到了走廊楼梯边的克林顿。当时的克林顿正在和一个叫杰弗里的同学交谈。很巧的是，克林顿在目光移动的过程中，正好与希拉里的目光相撞。

“杰弗里在和克林顿说话，克林顿看着我，我看着克林顿。”希拉里回忆说，“我认为那一情形很可笑，所以我就放下书，朝他走去。我说，‘如果你再盯着我看，我就盯着你看，但我们至少要知道彼此的名字。我是希拉里·罗德姆，你叫什么？’”

克林顿故意幽默了一把，他的回答是：“我忘了自己叫什么。”

两个人简单地聊了几句就分开了，但那一幕却在克林顿的心中定格了。

参观博物馆

再次与克林顿交谈，已经是两个多月以后的事情了。

当时已经到了学期末，两个人刚刚上完各自的专业课走出教室，在走廊偶遇了。当天的希拉里穿了一条鲜艳的长裙，特别漂亮。这一次是克林顿主动打起了招呼。

“嗨，很高兴再次见到你，你准备去哪儿？”

再次见到克林顿，希拉里也很高兴，她告诉他自己要去注册下学期的课程。

“真巧，我也准备去注册，咱们一道吧！”

于是，两个年轻人有了第一次深入的了解。

事实上，克林顿撒了个谎，他已经注册完了。两个人结伴同行，途中有说有笑。到了注册的办公室后，克林顿的谎言被揭穿了。

负责注册的员工问克林顿：“你不是已经注册过了吗？怎么又来了？”

克林顿不好意思地笑了笑，红着脸对希拉里说：“我只是想和你多聊一会儿。”

聪明的希拉里当然明白克林顿的心思。其实，她对克林顿也充满了好感，他深邃的眼神和高挑的身材，都令希拉里入迷。

“我很享受与他一起走了好长一段路，然后就有了第一次约会。”希拉里说道。

克林顿的举动被希拉里看穿了，于是他变得胆大起来。他看到希拉里并不讨厌自己，就趁热打铁，约她到耶鲁美术画廊去看马克·罗斯科的作品展览。

有趣的是，当时的克林顿由于激动过了头，居然泛起了糊涂，他完全忘记因为清洁工罢工博物馆没有开门。当他们走到博物馆门前时，发现大门紧闭，只有一个保安在值守。

这个保安也很有意思，直截了当地下了逐客令：“看来你们要白跑一趟了，因为你们不了解小人物的处境。”

克林顿不想第一次与希拉里的约会草草收场，就向保安恳求，还主动提出如果让他进去，他愿意帮助他们清扫博物馆花园里的树枝和垃圾。保安考虑了一下，就答应放他们进去。于是整个博物馆就只有克林顿和希拉里两个人在观看，真是太美妙了。

每次回忆这段往事，克林顿都开玩笑说：“虽然我当时还是个学生，没有什么钱，但我为了约会，依然租下了整个博物馆。”

看完之后，两个人走到花园里，克林顿履行承诺，把那里的树枝都捡了起来。

花园里有一个巨大而美丽的女子坐像，那是亨利・斯宾赛・摩尔的作品。希拉里坐在女子的腿上，而克林顿就紧挨着她坐下，他们就这样近距离交谈。不久之后，克林顿大胆地俯下身去，把头放在了希拉里的肩膀上。这是他们第一次约会的场景。

年轻人的爱情

接下来的几天，两个人一起去图书馆，一起去餐厅吃饭，一起参加社团活动。在这个过程中，两个人似乎是久别重逢的恋人，又像久别重逢的知己好友，有说不尽的话，谈政治、谈未来、谈圣经、谈人生，无所不谈。

颇有讽刺意味的是，当时的两个人，还有各自的交往对象。对陷入爱情的年轻人来说，复杂的局面很快就到来了。接下来的周末，希拉里要去佛蒙特去看望她的男朋友大卫，这是很久以前就约定好的。

克林顿对此焦急万分，他明白希拉里这一去意味着什么。克林顿试图去阻止希拉里，可她依然去了佛蒙特。在佛蒙特度过了一个夜晚，希拉里在星期六的晚上回来了。克林顿赶紧给希拉里打电话，在电话中，他听出她病了。

放下电话，克林顿很认真地给她带去一些鸡汤和橘子汁。从那时开始，两个人彻底明确了关系——他们的爱情开始了。

有喜欢八卦的同学问希拉里："克林顿什么地方吸引了你？"

希拉里很幽默地回答说："是他不害怕我。"

这无疑是个十分有趣但又真实准确的答案，它至少说出了两人之间的"势均力敌"。

在对的时间遇到对的人，接下来的事情就水到渠成了。

希拉里带克林顿去见她的父母。她的父母休·罗德姆与多萝西此时年龄也大了，在漫漫的岁月中，早已经被磨去了棱角，尤其是休·罗德姆，虽然偶尔还会发脾气，但已经收敛很多了。对于克林顿的到来，他们表现得很高兴。再加上克林顿的举止教养，又肯主动帮忙做家务，深得两个老人的赏识。

在对付休·罗德姆时，为了避免谈到政治方面的话题，希拉里尽量参加他喜欢的游戏，与他一起打扑克牌、看电视转播的球赛，这个过程克林顿也积极参与，很快，克林顿与他也慢慢熟悉起来。希拉里周围的朋友都喜欢克林顿，一个儿时玩伴的母亲还对她说："我不管你用什么办法，绝对要留住他。我见过这么多人，他是唯一能让你笑的！"

不过，母亲多萝西在了解了克林顿的情况之后，开始有了担心。在谈到未来的生活时，克林顿明确表示自己将来会回到阿肯色州，成为一名公职人员，致力于改变自己家乡的工作。知女莫若母，多萝西了解女儿希拉里，她是比较独立的人，她不会甘心依附未来的另一半，她必定会以自己的发展为主要考虑因素，去选择毕业后的去向。还好，希拉里除了决定追求儿童和民权事业之外，还没有什么具体的打算。

果然，母亲多萝西的担心，不久之后成为摆在他们面前的一个难题。

4. 不稳定的爱情

事业与爱情

1973年4月份，学业有成的希拉里从耶鲁大学法学院毕业。为了庆祝希拉里顺利毕业，克林顿给她举办了一个非常有意义的庆祝活动——重走欧洲，克林顿带着希拉里重走当年在英国的游历之路。两个相亲相爱的年轻人，度过了一次难忘的欧洲之旅。

然而，这次欧洲之旅却因为一个小插曲，显得并不完美。欧洲之旅即将结束时，克林顿向希拉里求婚，邀请她与自己组建一个新的家庭，去阿肯色州生活。

如此突然的求婚仪式并没有让希拉里失去冷静，她仔细考虑之后拒绝了他。她还不能确定克林顿是否是自己一生要寻找的另一半，也不确定克林顿是否会带给自己幸福，更重要的，她并不愿意住在阿肯色州。

踏上欧洲大陆的土地时，两个人是手拉手，亲密无间。可离开欧洲大陆的土地时，两个人却是各奔东西，甚至连真正的送别仪式都没有。分开之后，克林顿回到阿肯色州，在当地的大学里当老师，希拉里则去了马萨诸塞州的剑桥市，在玛丽安的儿童基金会担任律师工作。

从事着儿童基金会中的律师工作，希拉里实现了曾经的梦想。与此同时，她也深深地思念着克林顿。工作三个月之后，她参加了律师资格考试。至于参加哪个州的考试，她决定听从上帝的安排。她先后参加了阿肯色州和华盛顿特区的律师资格考试——参加阿肯色州的考试是为了克林顿，参加华盛顿的考试是为了自己。

或许是上帝冥冥之中的安排，希拉里只通过了阿肯色州的律师资格考试。她隐隐觉得，自己要在事业与爱情之间做个选择了。

1974年的圣诞节过后，希拉里去阿肯色州看望克林顿。就在这时，上帝为他们的未来作了一个最好的决定。

两个人正在喝咖啡的时候，接到了约翰·道尔打来的电话。约翰·道尔当时是众议院司法委员会认命的尼克松总统弹劾案的负责人，他邀请克林顿协助他调查"水门丑闻"。

水门丑闻，发生在尼克松竞选总统连任期间，这是美国历史上最不光彩的政治丑闻事件之一。1972年是美国的总统大选年，为了取得民主党内部竞选策略的情报，1972年6月17日，以詹姆斯·麦科德为首的5人闯入位于华盛顿水门大厦的民主党全国委员会办公室，在安装窃听器并偷拍有关文件时，当场被捕。要知道，詹姆斯·麦科德是尼克松竞选班子的首席安全顾问。这件事经过媒体报道后，在美国引起轩然大波。因为这件事，尼克松于1974年8月9日辞职，他成为美国历史上首位辞职的总统。

当时，克林顿正在忙着筹备参选众议员，他拒绝了。不过，他向约翰·道尔推荐了希拉里。

见证历史的调查

在克林顿的推荐下，希拉里得以参加了这桩见证美国历史的著名的法律调查。很快，她接到了正式委任电话，接着便前往首都华盛顿众议院司法委员会担任律师一职，参与"水门事件"的调查和时任总统尼克松弹劾调查小组的工作。

当时的希拉里年仅26岁，对她来说，这无疑是件美差。在这桩调查中，希拉里的主要任务是协助建立一套法律程序，以便为即将进行的审判和弹劾过程作准备。她的另一个工作是听录音带，以便从这些录音带中发现尼克松及其高级助手卷入“水门丑闻”及在其中起何种作用的证据。这使她第一次真正感受到政治的神秘气氛。

工作组中只有3名女性，希拉里是其中之一。弹劾案的具体工作是枯燥的，希拉里与同事们没日没夜地加班加点，每天从凌晨工作到深夜，一周工作7天，没有任何休息时间。

在紧张的工作中，希拉里研究了美国历史上所有的弹劾案，同时整理出有关尼克松一生的精确资料。不仅如此，她与同事们还起草了一份弹劾案调查程序，这份调查程序后来被约翰·道尔直接使用，没有经过任何修改。

最终，根据弹劾条款，以3条罪状坚持对尼克松的弹劾：妨碍司法、滥用职权、藐视国会。

20天后，尼克松选择了以辞职来使自己免于被众议院弹劾表决和被参议院审判。

“水门丑闻”调查委员会的工作是希拉里律师履历中的重要一笔。与她一起共事的同事，对这个年轻女律师的评价是：工作勤奋，能力超群，效率高，善于与同事交流合作，值得信任与尊重。

前往阿肯色州

当希拉里的工作结束之后，她开始认真考虑自己与克林顿的未来。

当希拉里在为“水门丑闻”而努力工作的时候，克林顿在阿肯色大学法学院也取得了很不错的成绩。1973年8月，克林顿经过思考，决定参加国会议员的竞选。对年轻的克林顿来说，这是他人生中的第一次参选，虽然在人脉关系以及知名度方面，还无法与那些老政客相提并论，但在精力方面，他年轻有冲劲，因此决定努力一试。

这段时间内，希拉里跟克林顿通过电话保持着密切联系，她为克林顿的勇气和毅力而感到骄傲。尽管分居两地，但他们的心却因此离得更近了。

5月份的时候，初选的结果揭晓，克林顿如愿胜出。胜利的消息让克林顿幸福得有些难以自持。他第一时间给希拉里打电话，迫不及待地将这个好消息告诉了她。在电话里，克林顿激动得连话都说不清楚，只是一遍遍地重复着："祝贺我吧，亲爱的，你知道，我一有消息就给你打电话。"

得知消息的希拉里也高兴得手舞足蹈。在电话里，分居两地的两个人像是得到了盼望已久的玩具的孩子一样，兴奋得大喊大叫。

挂断电话之后，两个人都冷静下来。不一会儿，克林顿再次打电话来，真诚地邀请希拉里去阿肯色州和他一起生活，同时倾诉着对她的思念和依赖。

这一次，希拉里已无法拒绝，她决定辞掉目前的工作，前往阿肯色州，去那个让她魂牵梦绕的男人身边。

当希拉里将自己的决定告诉玛丽安的时候，她惊讶地张大了嘴巴。她无法理解希拉里的决定，因此并没有第一时间批准她的辞呈，而是认真地劝她，不要放弃在华盛顿得来不易的成就和影响，一旦离开华盛顿，去阿肯色州，就意味着一切从零开始。

不仅是玛丽安，连希拉里的家人、朋友都一致反对，他们都觉得希拉里这个决定太疯狂了，简直是被爱情冲昏了头脑。她的父亲更是恢复了年轻时的愤怒举动，几乎是失声大吼："你是不是疯了，你到底打不打算为自己的将来负责？"

家人、朋友的强烈反对，让希拉里暂时冷静了下来。她不断拷问自己的内心：这样的选择是否正确？怎样才是自己最好的出路？自己的真实动机到底是什么？

"最后，我发现前往阿肯色州是正确的，是我最好的未来，克林顿就是我最真实的动机。在耶鲁法学院的时候，我就深深地爱上了克林顿，现在，更加渴望走到他的身边。我无法离开他！"希拉里如此说道。

5. 前往小石城

与克林顿并肩战斗

玛丽安一路陪着希拉里前往阿肯色州，她想看一下到底是什么样的男子，令能力出众、坚强睿智的希拉里甘愿放弃大好的前程，义无反顾来到这个陌生的城市。当然，她还有一点自己的私心，就是希望令希拉里放弃大好前程的是个玩世不恭的浪子，这样她就有足够的自信劝希拉里回头。

当然，希拉里也知道玛丽安此行的目的，她也想让玛丽安给她参考一下，看看这个克林顿是否真如自己想象中的那样，值得托付终身。

一行二人到了阿肯色州之后，正好赶上克林顿在大型广场面对民众进行竞选演讲。这一次的演讲，演说词优美动人，而且非常合乎逻辑和文法，希拉里和玛丽安被他深深吸引住了。希拉里深信，克林顿必然会在政坛上有一番作为，而玛丽安也开始明白希拉里毅然放弃事业追随爱情的决心和勇气是哪里来的了。她没有再次劝阻希拉里，而是祝她好运。

两个年轻人终于能够结伴同行了。这个时候的克林顿，已经在阿肯色大学任教一年多。在克林顿的推荐下，希拉里轻松地在阿肯色大学得到了一份法律教师的工作。

凭借着出色的执教能力，希拉里很快就站稳了脚跟，很多学生都喜欢这个新来的女教师。除了教法律课之外，她还负责法律援助事务所的一些工作，同时也加入了克林顿的竞选委员会，协助克林顿处理竞选中的一些工作，比如动员一些态度不坚定的志愿者们。

随着克林顿的名声越来越响，关注度越来越高，希拉里作为竞选委员会的成员，对她的一些非议也逐渐出现，这些非议主要是针对她的穿衣打扮。

这次的竞选，克林顿失败了，他比对手少了6000张选票。竞选小组的一些成员抱怨，这完全是因为希拉里的穿着打扮将克林顿的前程毁掉了。

不可否认，由于家庭教育的关系，希拉里一直对自己的着装打扮不太在意，甚至表现得很随意。在加入克林顿竞选总部后，她依然是往常一样的打扮，宽松肥大的衣服，与衣服颜色毫不搭配的鞋子，甚至是拖鞋。尽管有非议，但此时的希拉里并不以为意，她觉得这是别人在针对她。

步入婚姻殿堂

母亲多萝西不幸的童年成长环境，成家后遭到丈夫虐待的遭遇，让希拉里在与克林顿的婚姻面前犹豫不决。她担心克林顿的习惯，因而对居住在阿肯色州这件事充满疑虑，同时又对克林顿在追求政治梦想时表现出来的近乎疯狂的热情惴惴不安。更让她担心的是，她不想让自己未来的孩子重蹈覆辙——面对紧张的家庭环境。

“在这些客观的条件面前，我有点不知道该如何继续下去。这个时候，我的母亲告诉我一句话：当你有勇气迈出你的双脚时，上帝都会站在你那边。于是，我放下了心中的疑虑，选择了比尔。”希拉里说道。

1975年的7月，希拉里去芝加哥拜访一个老朋友。在克林顿送她去机场的路上，希拉里看到了一个红房子，前面挂着一个醒目的牌子：此房出售。希拉里随口说了一句，这房子看起来真不错，我挺喜欢的。几个礼拜后，当希拉里回阿肯色州的时候，克林顿再次来机场接他。当再次路过那个红房子的时候，克林顿把车停在红房子前面，对希拉里说：“我已经把它买下来了，我希望你现在可以答应嫁给我，我可不愿意一个人住在里面。”说完这句话，克林顿拿出自己早已经准备好的戒指。

这一次，希拉里点头答应了。

1975年10月11日，星期六，距离希拉里28岁生日还差15天的时候，她与克林顿在小房子前面的草坪上举行了婚礼。婚礼仪式是小规模的，出席的也多是双方的直系亲属以及关系较好的朋友。

搞笑的是，由于时间仓促，希拉里甚至忘记为自己准备结婚礼服，直到婚礼前一天，母亲才发现女儿还没有礼服，于是带她去附近的百货商店买了一身传统礼服。希拉里根本就没有想到这些琐事，精明强干的她在生活方面有时的确显得很懵懂无知。

在仪式中，休·罗德姆迟迟不肯放开女儿的手，此时的他，已经颇显老态。希拉里知道，这个严厉苛刻的父亲，是深爱着自己的女儿。

当父亲依依不舍地放开希拉里的手时，希拉里郑重地宣布了一个令人震惊的消息，她说自己将继续叫希拉里·罗德姆，不会追随夫姓。

这句话不仅是对父亲的宽慰，也是对自己未来的一个承诺，她要做一个独立自主的女人。

第五章
第一位女律师

在相对保守的阿肯色州，希拉里表现得像个异类。她没有留在家中做全职主妇。她是所在律师所的第一位女律师，也是第一位女合伙人。她甚至在结婚后保留娘家的姓氏。在克林顿成为总统前，她的收入一直超过丈夫。

1. 法律界的女菜鸟

离开阿肯色大学

在1975年那个美丽的秋天，希拉里和克林顿完美地结合了。希拉里提出，她与克林顿的蜜月要安排一次合家欢旅行——带上家人一起前往墨西哥。

多萝西是个细心的母亲，她不同意这对新婚夫妻带上全家人蜜月旅行的计划，她希望自己的女儿能过上甜蜜的二人世界，能够获得更多的快乐。

在克林顿与希拉里的热情邀请下，这次合家欢旅行最终成行了——除了希拉里和克林顿外，旅行的成员还有休吉、安东尼和希拉里的父母。

他们在墨西哥著名的海滨旅游城市阿卡普尔科待了10天。尽管缺少一点浪漫情调，但多了一些家庭的融洽气氛。

希拉里的弟弟休吉曾对《人物》杂志说："我们度过了绝妙的时光。"

蜜月期结束之后，生活恢复了平静，两个人重新回到了正常的生活和工作之中。

1976年，克林顿参加了阿肯色州检察长的竞选角逐。作为贤内助，希拉里义无反顾地用行动予以支持。她不仅帮助克林顿管理竞选班子，还亲自设计了一个改革方案，这一方案成为克林顿竞选的最有力武器。不仅如此，她还把两个弟弟召到阿肯色州，帮助姐夫竞选。

得益于改革方案，克林顿的竞选几乎没有遇到像样的对手，他轻而易举地成为最热门的候选人，并顺利当选，这是克林顿政治生涯中第一个真正意义上的胜利，以压倒性的优势成为阿肯色州的司法部部长。这预示着他在政坛中，正式成为一颗冉冉升起的新星。

之后，克林顿将正式前往阿肯色州的首府小石城上任。作为贤内助，希拉里没有任何犹豫，辞掉了阿肯色大学的律师工作，跟着丈夫克林顿前往小石城。离开之前，他们卖掉了原来的住所，在小石城又买了一栋面积不大的房子。因为他们刚工作不久，薪水收入不多，还没有什么积蓄。

尽管是州府，但小石城并不发达，它只是一个15万人口左右的小城市，生活方式简单，生活节奏较慢，如果在这样的环境中度过一生，也算是很不错的生活方式。可对希拉里和克林顿这两条潜龙来说，这样的生活适合他们吗？

罗斯律师事务所

不可否认的是，小石城安逸的生活方式，对抱有雄心大志的希拉里来说，会磨灭她的野心。她首先要做的，就是在小石城先安定下来，再图其他。

希拉里希望在小石城开展法律事务，但实际情况是，任何一家规模相当的法律事务所都没有女律师。幸运的是，在阿肯色大学当法律老师时，结识了享有盛名的罗斯律师事务所的律师文思·福斯特，他对希拉里在阿肯色大学开办的法律援助讲习班的方式印象很深。当他得知希拉里在小石城想寻找工作时，他便做了引荐。几乎是毫不费力地，希拉里被罗斯律师事务所聘用了，由此她成为该州参加主要法律工作的首批妇女之一。

尽管希拉里进入了罗斯律师事务所，可围绕她的争议一直存在。

首先，在经济落后的南方小城市中，女性从事律师职业非常少见，理由很简单，人们认为法律的行业的压力比较大，女性并不适合。不仅如此，甚至出来工作的女性都很少见。另外，在罗斯律师事务所中，普遍都是男性，希拉里能否习惯他们之中的工作和相处模式？希拉里的到来，会不会显得格格不入呢？

作为推荐希拉里进入罗斯律师事务所的文思·福斯特，他坚定地表示，希拉里是一个难得的人才，传统只是一种固有观念，并不代表什么。更何况，她的丈夫克林顿是阿肯色州最有前途的政治人物，是政治界的一颗冉冉新星，对福斯律师事务所来说，也是一个很好的契机。

希拉里很要强，她也明白自己在小石城从事律师工作的劣势，她认真地对罗斯律师事务所进行了调查和分析。她发现，罗斯律师事务所的客户面非常广泛，涉及阿肯色州最顶尖的经济利益群体、斯蒂芬斯集体、沃尔玛、沃森银行、泰森食品等等，而且小石城有着很传统的政治关系网——拉帮结派，政商勾结是普遍的潜规则。还有一点很关键，就是这份工作可以带来相对丰厚的收入。

职场新体验

正式成为罗斯律师事务所一员的希拉里，要面对很多问题。

首先，希拉里每天都是自己开车上下班。她的车是一辆小型的亚飞特汽车，每次在公路上行驶时，总会引起周围人的注目。

其次，就是她的穿着打扮。以前，希拉里参加过很多的社会活动，甚至被选为尼克松总统弹劾调查小组成员。虽然在阿克苏大学当法律教师，但活动轨迹都还是在学校，不算正式踏入社会。那时的她，还可以不用太关注自己的穿衣打扮，但步入社会，进入律师行业，她就需要注意了。

特立独行的个性使希拉里一开始就遇到了麻烦——难以得到同事的认可。她渐渐听到关于她的议论，更多的人是在背后对她指指点点，包括她的秘书，而这些闲言碎语无外乎穿衣打扮，说她从不浓妆艳抹，正餐总是吃一些莴苣或者生菜。

一些好心的同事，为了帮助希拉里改变外形，会装作不经意地在她的办公桌上放几本时尚杂志，更有同事直接建议她，应该找个不错的发廊让专业的发型师根据脸型、气质，结合她自己的喜好设计一个发型，再关注一下时尚杂志当年或者当季的流行色，找到适合自己的服装款式，到一些商场内买几件舒适、大方、得体的衣服，再配合几个经典的款式，让自己看起来与气场相投。

希拉里对这一切表现得很冷淡，依旧我行我素。她对关心她的同事说，人们对我的穿衣打扮指指点点，只是出于对我是一个女人取得管理职位的不适应。我喜欢吃莴苣及生菜，只是出于减肥的需要。

不久之后，希拉里为一家品牌服装公司赢得了官司。为了表示对她的感谢，在文思·福斯特的暗示下，这家公司的时尚设计总监自告奋勇地要求为她彻底美化形象，不过却被希拉里微笑着拒绝了。

“认真地说，我其实很喜欢她们，但是不想让自己看起来像她们。这或许是和我父亲一直以来的教育有很大关系，他对我穿衣打扮方面的教育，无形之中影响到我。”希拉里说道。

与朋友对簿公堂

尽管有人认为，希拉里能够进入罗斯律师事务所，是因为克林顿的关系，因为这家事务所能够从中取得许多便利和利益。在美国，这是一种不能回避的优势，包括罗斯律师事务所也不能否认。因为克林顿的关系，希拉里在这里工作，这也为她本人研究儿童和贫困家庭的事业提供了很大的灵活性。

一开始，希拉里的工作内容是处理一些家庭法类的小案件。接着，开始着手打一些商业诉讼的官司。逐渐地，她所接触的范围越来越广，阅历也越来越丰富。

当时，阿肯色州是美国最穷的州之一，州内贫富差距较大。1976年前后，代表穷人利益的改革社区组织协会成立者维尔德促成了一次人民公投，期望提高企业的基础设施成本，降低民众基础设施成本，具体措施是降低小石城水电等基础设施的价格，提高企业用户的水电价格，以此来减轻穷人的生活压力，缩小贫富差距。

维尔德是克林顿和希拉里的好朋友，关系一直都很不错，他们在政治和社会话题上十分谈得来，都对社会底层民众的命运充满同情，并在提高穷人的社会福利方面有很多共识。

维尔德组织的公投很快有了结果，提议很快就获得了通过。然而，这一公投则遭到了众多企业负责人的一直反对，他们出于对自身利益的考虑，不愿意增加企业的基础设施成本。于是，他们组成了一个组织，对这一公投提起诉讼。

这件事和希拉里本来没有多大关系，却不想，因为职业的关系，她被推上了风口浪尖——成为企业主们的代理律师团队中的一员。

一直以来，希拉里都秉持代表底层人民的利益，在这件事中，她同样如此。然而，作为一名律师，她应该为罗斯律师事务所接下的每一个案子努力，为她的当事人竭力服务。

当维尔德走上法庭时，他惊讶地发现在对方的律师团队中居然有希拉里的身影，他简直不敢相信自己的眼睛。回想起以前希拉里的种种言辞，维尔德失望至极，他以为“即使不是支持者，起码也不能成为反对者。”

法庭之上，没有朋友，只有利益。希拉里履行自己的职责，与维尔德及其律师团队正面交锋。她以绝佳的口才，申明企业不能履行新措施的立场，并表示这样的决定欠缺理智，相当于强夺财产，会彻底断了阿肯色州的投资之路，因为基础设施的成本提高，不会再有其他企业愿意来投资。

她的申明令维尔德勃然大怒，也令改革社区组织协会的出席者们大怒，但是，她最终说服了法官，宣布公投结果无效。

当法官宣布庭审结束的时候，希拉里感到很矛盾，她不知道是喜还是忧。

当然，赢得官司的结果，是当企业主的代表向她表示感谢时，希拉里表情僵硬。而当希拉里准备向维尔德投以抱歉的目光时，迎来的却是维尔德失望和愤怒的眼神——他们的关系彻底破裂了。

“从这一刻起，我明白了，理想与现实之间存在着一道无法逾越的鸿沟，矛盾、尴尬困惑着我。然而，在接下来的律师生涯中，我才知道与维尔德关系的破裂是微不足道的，只能算是一剂预防针而已，我无数次感觉到尴尬和困惑。”希拉里说道。

第一次独立出庭

在罗斯律师事务所，希拉里很享受自己的工作。通过接触形形色色的案子，她的见识和临场反应能力都得到很大的提高。然而，这些都是律师团队的功劳。当她自己一个人作为辩护律师出庭，又会是什么样的情形呢？

事实上，从进入罗斯律师事务所的那天起，她还从未考虑过这样的场面。很快，这样的机会便出现了。

希拉里单独处理的第一个案件是个民事案子。罗斯律师事务所代理的是一家罐头公司，属于被告方。原告方是一个男子，他在诉讼中声称在一罐罐头里发现了一条老鼠腿，尽管他的嘴巴并没有碰到这条老鼠腿，但却给他造成了很大的心理阴影，他不敢再碰触任何的肉质食品，甚至不敢轻吻自己的未婚妻，每次看到未婚妻的嘴唇，就会想起那条老鼠腿。在庭审中，他不断地对着自己的手帕吐痰，这明显地是在博得陪审团的同情。

然而，面对这种情况，希拉里却完全不在状态，她甚至有点颤抖。身边没有了同事坐镇，她感觉自己直接暴露在对方的枪口下，找不到任何的防御。

还好，她很快冷静了下来，在心中默默地对自己说：法庭上的辩论没有防御，只有进攻，努力进攻就是最好的防御。

她用上了浑身解数，为她的代理人辩护，并出具了相关的资料。可最终她还算输了官司，原告方获得了一定数额的赔偿。

不可否认，此时的希拉里并不是一名出色的诉讼律师，她在面对一些案子时，还会露怯。在后来的高级法庭审讯克林顿的时候，人们还能够发现她这个弱点。此后，罗斯律师事务所开始减少她单独出庭的次数，而她本人也很少出庭了。

2. 不同寻常的体验

幸运的一年

1979年是希拉里的幸运年。这年的1月份，年仅32岁的克林顿竞选州长成功，成为美国历史上最年轻的州长之一。2月份，希拉里成为罗斯律师事务所的正式合伙人，由律师事务所的员工成为合伙人，她也是该事务所成立以来的第一位女性合伙人。5月份，希拉里怀孕了，这真是好事连连的一年。

怀孕之后，希拉里和克林顿开始为自身角色的改变做着努力，他们一起参加心理助产法课程，一起阅读《父母手册》，同时向已经当上父母的朋友及医生、护士求教关于育儿方面的问题。

在工作方面，希拉里并没有放弃，她还经常乘坐飞机去纽约出差。到了孕中期，希拉里的健康状况不是很好，为了腹中胎儿的健康，她的私人医生严禁她继续工作。

这对一直很重视工作的希拉里来说，无异于束缚了手脚。另外，她还有一个期盼许久的约会——来自卡特总统及其第一夫人的邀请。最终，为了腹中胎儿的健康，由克林顿的助手卡洛琳·休博陪同前往华盛顿，而希拉里则留在了家中。

1980年2月，希拉里产下了一个女儿，取名为切尔西·克林顿。分娩的过程可谓是一波三折，在临产时出现了难产现象，将希拉里和克林顿吓得不轻。幸亏她待产的私人医院有着丰富的接生经验，帮助希拉里顺利分娩。

切尔西的降生，给希拉里带去了很多的快乐。在与克林顿的共同努力下，切尔西享受着一个完整家庭带给她的爱。

房产泡沫与贷款危机

20世纪80年代，美国出现了严重的房地产泡沫与储蓄贷款业危机。二战后的“婴儿潮”一代进入而立之年，对住房产生了巨大需求，房地产行业出现了较大程度的发展。与此同时，里根总统为发展国内经济，对房地产业实行税收优惠等政策，这一举动进一步刺激了房地产业的发展。在整个80年代，美国房地产投资的平均增长率达到20%，不仅远高于同期非住房投资的年均增速，而且大大超出同期个人消费支出。

房地产业的迅速发展特别是房价的节节攀升促进了市场投资的热情和房地产供给的迅速增加。而在1986年国际石油市场的震荡和1987年纽约股市“黑色星期一”等一系列突发事件的影响下，市场形势发生了根本的变化。

到80年代末90年代初，美国23个主要大城市的房屋空置率超过20%，而在80年代的高峰时期仅为4.6%，由此导致了房价的大起大落。

在房地产业迅速发展的过程中，商业银行等金融机构扮演了助推器的角色。在80年代中期，由于房价的迅速上涨，市场抱有普遍的乐观预期，因而银行在房地产部门的资产迅速增加。根据当时的统计表明，80年代是商业银行不动产贷款增长最快的时期，短短几年的时间，商业银行的房地产贷款占贷款总额的比例已经接近40%。随着房地产市场的逆转和房价的回落，银行的房地产价值和抵押贷款资产价值迅速下降，房地产信贷风险严重恶化。加上当时特殊的经济周期和金融机构自身的原因，其结果只能是房地产不良贷款增多，利润率连年下滑。

在商业银行发生困难的同时，储蓄与贷款协会也发生了严重的危机，直接导致了联邦储蓄与存款保险公司的破产和联邦存款保险体系的重组。

重新回到工作岗位

美国人具有很强的家庭观念，这一点很多中国人可能无法认同。在中国人的观念中，美国人亲情淡漠，没有家庭观念，孩子18岁要被赶出家门，人到晚年更要饱受孤独之苦……这样的印象在中国人的观念中是根深蒂固的。可事实上，美国人的家庭观念比中国人更强，只是他们表达亲情的方式与我们不同而已。

对很多女人来说，家庭子女与事业工作都是自我价值实现的目标。当两者出现冲突甚至矛盾时很难抉择，多数时候不能够两全其美。那么女强人希拉里又是如何选择的呢？

希拉里生下女儿后，休了4个月的产假。之后，希拉里马上到公司报道，可工作态度却与休产假之前大大不同。以前的希拉里是个典型的工作狂，在业务水准上要远远优于一般的同事，产假之后，她的工作水准根本无法与之前相比，甚至连基本标准都无法达到。与之相反，她对公益工作却充满了热情，尤其是儿童权益方面。在丈夫克林顿的帮助下，她协助阿肯色州成立儿童家庭权力促进会，并为之积极奔波。此外，她对儿童早期教育委员会的工作也特别重视。

在生下切尔西之后，希拉里开始注意改变自己的形象。

或许是背负着州长夫人的头衔，抑或是女儿的出生让她有了做个漂亮妈妈的心理。从上大学时开始，希拉里一直是留着土气的发型，穿着过时的衣服和裙子，还戴着一副厚厚的大眼镜，几乎遮住半张脸。毫无疑问，这样的希拉里是跟漂亮不沾边的，充其量算是个知性女人。当时的希拉里也并不在乎自己的形象，她总是说有更重要的事情等着自己去做，要主持学生会的工作，要参加各种政治活动，没有心思，也没有时间去改造自己的外形。

在生下切尔西之前，开始有媒体关注她，她已经有了改变自身形象的想法。她的改变几乎是一夜之间完成的——前一天还是一颗花骨朵，第二天就盛开成美丽的花儿。

在顶级形象设计师的打理下，希拉里从发型上作出了重要的改变，从此政治界那个集气质、精神、容貌于一体的女强人开始出现在人们的视野中——一头深金色的浓密头发，隐形眼镜，不施粉黛。

在穿衣之道中，希拉里在充满庄严感的政治界与女性的柔弱美之间，找到了最契合的统一点——用强烈的色彩感，模仿专业男装风格，表现出庄严感。

注重外形的希拉里，在克林顿的就职大典中风风光光了一把。在就职典礼上，她穿了一套紫红色和黄色相间的格子套装，再配上一件蓝色外套和蓝色的绒皮帽子。在接下来的很长一段时间内，希拉里的衣服和发型成为阿肯色州媒体热衷的话题，并成为阿肯色州妇女追逐的对象——她们修整和希拉里一样的发型，购买和希拉里一样的衣服。一时之间，希拉里成为美国流行元素的导航器。

3. 与政治的交锋

事务所的危机

发生在20世纪80年代美国的房产泡沫与贷款危机，同样波及了罗斯律师事务所。

罗斯律师事务所的合伙人之一基罗尔，也是“南方第一”的贷款人，同时身兼事务律师的职务。在20世纪80年代房产快速发展时，“南方第一”作为储贷企业，贷款给房地产商。随后出现的房产泡沫和贷款危机，导致“南方第一”宣告破产倒闭。作为阿肯色州同类企业中最大的机构，“南方第一”的生死存亡至关重要。为稳定当时的经济秩序，美国联盟监管机构接手了它。

美国联盟监管机构在复核“南方第一”的账务时，发现了基罗尔经手的贷款非常特殊。这笔贷款数额巨大，是一笔1000万美元的交易，这是在整个房产业走下坡路的情况下出现的，很可能存在灰暗交易的可能性。该监管机构最终认为，正是基罗尔经手的这一交易造成了“南方第一”的崩溃。也就是说，作为直接受益人，罗斯律师事务所具有不可推卸的责任。

作为事务所的合伙人，在基罗尔接受调查时，希拉里凭借着敏锐的嗅觉，意识到事务所已经处于悬崖边缘——事务所很可能被索赔1000万美元。

如果赔偿最终变成现实的话，事务所可能会面临破产。对希拉里来说，这会让她损失一大笔钱。在金钱的巨大诱惑下，希拉里过往的工作激情一下子被激发出来。

当机立断，希拉里立即组织事务所中相关的最精锐的律师，与美国联邦政府进行谈判，这一步走在了联盟监管机构的前面。很明显，事务所掌握了主动权。

经过长期的谈判，事务所答应赔偿给政府300万美元。与此同时，希拉里又运用相关的经济保险法的知识，与事务所的保险公司展开了谈判。最终，希拉里成功地做到了一石二鸟，一箭双雕——赔偿款中的大部分由事务所的保险公司承担。这个结果令希拉里大大松了口气。

帮事务所处理好这一大麻烦之后，希拉里更忙碌了。她要在阿肯色州的各地发表演讲，还要帮助丈夫代理官方事务，并且当时她还管理着一个为乡村地区提供保健咨询服务的委员会，并组织了每年一次定期举行的“州长培训学校”活动。这个活动在一所大学校园中举行，每年为学生们提供为期6周的文化课程培训。不仅如此，她还要分身为罗斯律师事务所吸引更多的客户，履行自己作为合伙人的义务。

与总统正面交锋

1980年1月，罗斯律师事务所再次遇到了很大的危机。与之前的经济危机不同，这一次属于政治危机。当时，曾任加州州长一职的里根为了得到共和党总统候选人提名，提出压缩政府开支、减少国营事业、大幅度降低加利福尼亚州穷人法律服务的投入。这一提议直接影响了罗斯律师事务所的收入。事务所属于政府式的机构，每年都会得到政府的大量财政支持，这占事务所收入来源的很大一部分。如果里根的提议得以通过，预示着罗斯律师事务所的收入将大大降低。

从自身经济利益的角度考虑，希拉里再次站了出来。她付出了很大努力，终于成功地说服法律服务公司的董事会反对里根的提议。最终，里根的提议没有成行。

然而，这还只是暴风雨来临的前兆。1980年11月，里根竞选总统成功，成为美国有史以来年龄最大的总统。当上总统的第一件事，就是再次削减法律服务的力量。这次的削减范围远远超过了加利福尼亚州，他提出在全美大幅度地削减该项目的资金投入，甚至准备往法律服务公司里安插一些反对为穷人免费进行法律帮助的人进入董事会。

如果说半年之前，站在希拉里对面的是一位强壮的男人，希拉里还有机会将之击倒，而此时，站在希拉里对面的是一位权力极大的总统，希拉里会束手就擒还是与之一搏呢？

希拉里很聪明，她知道在全国范围内削减法律服务的力量，这是总统上任的第一把火，火势必定势不可当，必须知趣地避让。可总统的后一招更厉害，在董事会中安插一些反对为穷人免费进行法律帮助的人，这会让事务所永无翻身之日。于是，希拉里去找了文思·福斯特，成功地劝说他去申请限制令，反对总统提名的这些人进入董事会。与此同时，希拉里利用自己在民主党中的广泛人脉，号召他们反对这次提名。最后，参议院否决了这些提名，改立了一些中立者为法律服务公司的董事。

希拉里在这一系列事件中的所作所为，足以证明她的智慧。

两年之后，希拉里就任合伙人期满离职，此时该公司的资金已经从她就任初期的9000万美元成功上升到了3亿美元。当时的舆论评价说，她挽救了这个国家出资为穷人提供法律援助的理念，而这次的成功，希拉里的好友文思·福斯特功不可没。

4. 金钱的是是非非

家庭教育的影响

父亲休·罗德姆对她从小的理财观念教育，影响了希拉里的一生——谨慎行事，节俭持家。

从耶鲁大学毕业时，希拉里身无分文，她的生活开支多半来自父母。为改善这种局面，她为自己做出了详细的规划：首先，拥有一份职业；其次，成为一名理财“专家”；再次，谨慎选择理财产品；最后，开源节流，珍惜微薄的利益。

从很小的时候起，父亲休·罗德姆就教会了希拉里如何看股票走势图和财务报表，在后来的求学过程中，在当时房产投资热的影响下，希拉里又学会了如何挑选房地产，避税等理财的基础知识。到大学毕业时，她投资理财的能力已经逐渐显现，甚至可以说，她在正式成为法律高才生的同时，也具备了较高水平投资者应当具有的投资理财知识。

当然，对于投资和就业，希拉里为自己量身设了前后顺序——就业在投资之后。刚从耶鲁大学毕业的希拉里，正常的收入，一年可以挣3到5万美元，工作三年左右可以挣下约12万美元。换句话说，就是不投资一分钱，任何人都能在工作四年后获得10万左右的收益。

在希拉里看来，没有什么投资能在三年时间里获得10万的收益，而且投资需要本钱。所以，与企业工资相比，投资收益率简直是太低了。当然，这只是正常途径，不包括捷径。

因而，从耶鲁大学毕业后，希拉里选择了罗斯律师事务所，尽管她也喜欢与政治相关的活动。当然，希拉里足够优秀，一旦开始工作，就注意力高度集中，业务执行能力极其出色，控制公司业务游刃有余。

要做到第二步，成为一名理财“专家”，这包含着两层含义：首先，在自己工作的领域做到最好；其次，可以在企业内升到最高职位。

在企业内升职，对任何一个人来说都意味着新的开始，慢慢地便会自然而然地看懂金钱的来源与流向。希拉里就是如此。进入罗斯律师事务所不久，希拉里的收入就开始增加。同时，希拉里很有心，她将社会各界的成功人士都添加到自己的朋友名单中，并通过他们自然而然地认识了若干投资专家。

这样，希拉里的理财投资之路正式走上了高速路。

尝到理财甜头

1978年，克林顿当选阿肯色州州长。在美国，公职人员的收入一般都不高，州长的年薪一般不会超过3.5万美元。对大多数的美国工薪阶层来说，这并不是一个能让希拉里拥有安全感的数字。她需要支付一个家庭正常的生活开支，而事实上，他们两人的收入远远不能让他们衣食无忧。

这一年，希拉里的手上有了一些余钱，但数目并不大，只有5万美元左右。一般来说，这点钱并不算多，拿来投资理财，只能算是小打小闹。幸运的是，希拉里认识了两个朋友，吉姆·布莱尔和麦克道格，二人都是商业投资的高手。

吉姆·布莱尔身兼律师和投资人的身份，律师是本职工作，投资人则是第二职业。难得的是，他在两个行业的名头都比较响，都取得了成功。吉姆·布莱尔从21岁起就进入股市，积累出很多的经验，他在金融市场上获得的收益远远超过其本职工作所带来的收益。

真正让吉姆·布莱尔名声大噪的，是他在期货市场上取得的成功。

为了赚更多的钱，他找了一个叫罗伯特·博恩的经纪人。罗伯特·博恩原先只是一个籍籍无名的卡车司机，但很有商业才华。一个偶然的机会，吉姆·布莱尔结识了罗伯特·博恩，经过深入交流，他发现了罗伯特出众的商业才华，于是聘请他为自己的经纪人。他可能不知道，罗伯特·博恩还有一个身份，就是一名很聪明的赌徒，曾入围过拉斯维加斯世界扑克大赛的半决赛。

在罗伯特·博恩的帮助下，吉姆·布莱尔成立了瑞富公司。作为投资公司，瑞富公司与其他公司不同，他的客户群财力比较平庸，都是一些中产阶层，比如律师、农民、教师等。

瑞富公司经营成功的秘诀，就是罗伯特·博恩的商业头脑加上吉姆·布莱尔的内幕消息，这样两人简直是天作之合，所向披靡。在寻找潜在客户的时候，他们找到了希拉里。

希拉里早就听说过他们，知道他们能够让手里的钱生钱，这一点希拉里毫不怀疑。1978年3月，希拉里通过吉姆·布莱尔在瑞富公司花1000美元开设了一个交易账户。

“我很相信吉姆和罗伯特·博恩，我的想法是相信他们，而风险并不高。”希拉里说。

3个月后，希拉里就尝到了甜头。她发现自己赚到了2.6万美元，这个收益令她难以置信。然而，投资市场瞬息万变，有赔有赚，很快，她又亏了1.6万元，这让她一度有些胆怯。没过多久，吉姆·布莱尔准确预测了一次市场的骤变，并及时给希拉里清仓，一个下午就帮她赚了4万美元。如此大开大合的投资方式，充满了刺激，也让希拉里有些胆怯。思前想后，她决定不再接触类似的投资方式，并取消了瑞富的账户。

“期货市场真是风云变幻，前一秒还是艳阳高照，后一秒就狂风暴雨，这种投资方式不是我想要的，也不是我愿意看到的。”希拉里说。

一笔不幸的投资

在与吉姆·布莱尔合作的过程中，希拉里同时参与了另外一项投资——白水地产。不可否认这一项投资，需要的本金并不多，而且还有一个可靠的朋友，这个人是克林顿的政治伙伴麦克道格。

在投资白水地产的过程中，麦克道格拍着胸脯对希拉里保证，这次投资绝对不会亏损。

麦克道格对希拉里说："如果你们听我的，你们将从这桩交易中赚够养老的钱。"这话很有诱惑力，尤其是在当时的社会大环境下。

希拉里最终选择相信了他。具体的投资项目是在阿肯色州北部白水河两岸230英亩尚未开发的土地，将这些土地简单开发、规划之后，卖给度假或者退休的人们。希拉里去看过这片土地，觉得前景不错，绿化面积高，土地税率低。

很快，希拉里与麦克道格及其夫人苏珊共同创办了一家以阿肯色州白水河命名的"白水开发公司"，从事白水河沿岸一带的房地产交易。

克林顿担任州长后，曾任命麦克道格为他的经济发展部主任。但麦克道格很快辞去这一工作，在阿肯色州的经斯顿买了一家小型银行，并贷款3万美元给希拉里在待开发的白水河地皮上修建了一栋度假的样品房。但建出来的度假房无人问津，无法上市，一时间成为烂尾工程。

一些知情人士说，由于克林顿只关心政治，不问金钱，家庭的财务收支与金钱往来都由希拉里一手经办。特别是希拉里有了女儿切尔西以后，对家庭的经济来源更加操心，她开始设法开辟财源。而事实上，投资白水开发公司房地产生意主要是她的主意，克林顿不过是挂个空名。

这一投资，直接导致希拉里亏损了一笔钱，并为自己和克林顿的政治前途埋下了一颗定时炸弹。希拉里投资亏损的钱，麦克道格很快就偿还给她了。而与此同时，麦克道格又从一家政府支持的信贷机构得到了优惠贷款。一时之间，很多媒体怀疑克林顿在这件事上有钱权交易或以权谋私之嫌，这个时候，一些律师事务所决定起诉克林顿，并申请立案调查。

“白水开发公司”后因种种原因宣告破产，那家小型银行也因经营不善而倒闭。就在这家小银行宣布破产的前几天，一手处理“白水开发公司”与银行业务往来的文思·福斯特，曾致函联邦储蓄保险公司，要求签订合同，让罗斯法律事务所去接管审计工作。他们后来果然如愿以偿，顺利地接管了那家破产银行。

人们对克林顿夫妇参与“白水事件”的疑问是，麦克道格的小银行是否非法给克林顿夫妇的炒卖活动提供过资金，或者克林顿当年是否利用职务之便向与其有业务关系的这家银行提供过某种政治上的好处？

人们的另一疑问是，克林顿夫妇是否有偷漏所得税之嫌。克林顿和希拉里虽然声称在“白水开发公司”的买卖中亏损了近7万美元，但在1982年，他们与合伙人麦克道格和苏珊炒卖地皮时曾赚进5.4万美元。就算是对半分成，克林顿夫妇也应分得2.7万美元。然而，在他们1980年至1987年的纳税单上却没有这笔应缴纳的增值税款。

关于这一点，克林顿和希拉里曾无数次申明，自己已经退出这个糟糕的地产项目。可事实却是，很多被披露出来的信息都显示他们并没有退出来。

关于这一事件，至今也未有明确的答案。

克林顿连任失败

如果说1979年是希拉里的幸运年，那么1980年则是他们的倒霉年。首先，是共和党的里根在大选中击败了民主党就任总统，自此之后，美国开始长达12年的共和党当权。接着就是11月，克林顿竞选州长连任失败，这件事给了年轻气盛的克林顿一个很大的教训。

克林顿失败的原因有以下几个方面。首先，克林顿在第一个州长的任期内，发生了一些令他焦头烂额的事情，可以说，整个任期内他过得都很艰难，并处处遇到阻力，包括不受欢迎的机动汽车税和1980年一些待甄别的古巴难民成功越狱。在难民营的设置问题上，民主党的卡特总统拒绝克林顿的建议，坚持在阿肯色州设置难民营，引来选民反感，导致民主党在该州的声望大跌。

同时，在竞选阿肯色州的州长时，克林顿曾承诺改善教育状况，修建新的公路，增加就业岗位，改革医疗保险，让人们的日子越过越好，但这些都没有做到。或者说是时间太短暂，不允许克林顿一蹴而就，他还未来得及证明他能够带给阿肯色州民众好的生活，下一届的竞选就来临了，这直接导致了克林顿连任失败。

其次的问题和希拉里也有很大的关系。希拉里作为州长夫人，却拒绝改用夫姓，这在比较保守的阿肯色州引来许多争议。

竞选连任失败后的克林顿，在很长一段时间内都无精打采，萎靡不振，他认为这是他人生中永远的耻辱。希拉里很了解丈夫，看到丈夫如此的茫然和痛苦，她忍不住流下了眼泪。

希拉里改姓

克林顿竞选连任失败后，痛定思痛的希拉里很快站起来，她要充当丈夫背后的支持者。在她的鼓励下，克林顿渐渐走出失败的阴霾。他开始反思这次的失败，最终，他找到了更好的解决方法——强大的经济实力。所谓经济基础决定上层建筑，一切活动都离不开经济的支持。他开始与强大的商业利益集团建立起新的关系，并修补与州内政府部门的关系。

与此同时，希拉里再次做出了违背自己承诺的事情——遵循传统，改成丈夫的姓氏。

1975年10月，在与克林顿结婚时，希拉里曾承诺自己继续叫希拉里·罗德姆，不会追随夫姓。

那句话是对自己未来的一个承诺，她要做一个独立自主的女人。可是，为了支持丈夫的事业，她决定背弃承诺，跟随丈夫的姓。

“那是一段我不愿意回忆的经历，也是一段非常有价值的经历。它迫使我们对政治中潜在的政治问题更加敏感：任何一个微不足道的细节，都可能会被无限放大。另外，还有一个问题不可忽视，那就是政治体制只能接受一定程度的变化，没有一个人能同时满足所有人的利益，无论你触怒了哪个团体的利益，最后的结果都只能是失败。这是亘古不变的规律。我想，假如克林顿这次没有落选的话，很有可能他就做不了总统。”希拉里说道。

在一次面对记者的采访中，希拉里正式宣布决定放弃姓“罗德姆”，改姓“克林顿”。她说：“在阿肯色州，能够让我主动改姓的男子，大概只有我丈夫了。其实对于我而言，改姓并不是大不了的问题，所以我决定跟随我的丈夫。从今天起，我就是希拉里·克林顿。”没有任何手续，希拉里·罗德姆成了希拉里·克林顿，她很清楚，她在这场形象战争中嫁夫随姓是为了丈夫的事业，也是为了她自己。

此前，希拉里一直坚持姓罗德姆，阿肯色州的一些人民对此很是不满，他们认为希拉里破坏了美国的传统，破坏了阿肯色州的传统。很明显，希拉里没有跟丈夫的姓，被视为克林顿政治上的束缚。为了表达对丈夫的支持，希拉里改姓克林顿。

希拉里改姓后，克林顿在阿肯色州的形势发生了变化，整个州的民众对希拉里和克林顿的印象有了很大改变。当地的一家报纸改变了以往对希拉里严厉抨击的态度，破天荒地刊登文章说，希拉里的一切看起来和当地人格格不入的举动，是由她所生活的环境决定的，她本身并没有什么大的过错。并且，她只是比保守的南方夫人们稍微活泼一些、坦率一些而已。而改姓的事实表明了她正在努力改变自己，让自己得到更多人的接受和肯定。除此之外，还有一些新闻媒体也对希拉里改姓的事作了详细的报道，报道中少见地用了很多夸赞之词。

舆论的力量是强大的，对希拉里的正面报道出来后，那些对她改姓的行为表示认可的人又加深了对她的了解，并且支持她的人的范围还在扩大。这一切显然说明希拉里的策略成功了。

对于希拉里来说，改姓只是大转变战略中的一部分，她的改变是全面的、彻底的。在形象方面，她又进行了很大的改变：她摘下了古朴的大框眼镜，戴上了隐形眼镜，这使她明亮的大眼睛展现无遗。此外，她还剪短了难以打理的长发，让它们自然弯曲，从脸部向后梳。这个发型后来成为全美国妇女竞相模仿的发型，大街小巷到处可见这种典型的“希拉里式”发型。

希拉里已经下定决心，要为丈夫的成功付出一切代价，为他的下一次竞选开道。她不再以女权主义者的身份出现，而是完全按照公众所愿，展现属于女性的魅力。每逢周末，她就和克林顿带上女儿，按时到小石城的伊曼纽尔教会做礼拜，给人们留下一个虔诚家庭的形象。他们在公众面前失去的形象正在一点点被重新找回来。

希拉里改用克林顿作为姓氏，在公开场合将自己重新塑造成一名更为传统的政治人物的妻子，而同时作为律师的她又在许可的范围内暗暗建立起自己的政治势力。

克林顿敢于自黑

美国的各个州和各个行业都有自己的传统，阿肯色州当然也不例外。在阿肯色州的新闻界，也有个很有趣的传统，这就是记者们推出了他们一年一度的传统讽刺节目——“白莓讽刺剧”。

在每一年的这个节目中，都会以一个响当当的大人物，经济人物、政治人物或者是娱乐明星为原型拍摄一个讽刺短剧。该短剧通常是把一位著名人士当作一位“神秘的宾客”，让他发表有趣的独白，然后在表演结束时亮出他的身份。

1981年4月，新闻记者们准备推出他们精心准备的“白莓讽刺剧”。这一年的演出主题是“古巴人和汽车牌照”，将这个短剧的主角确定为克林顿，并郑重地向他发出了邀请。

克林顿考虑了一下，就拒绝了。理由很简单，他认为政治人物的形象一定要严肃、冷面、端庄，类似的讽刺剧可能会破坏他作为政治人物的形象。

然而，希拉里敏锐地察觉出这是克林顿重新获得人们认可的一个好机会，对他以后的政治道路非常有利。因为，政治人物的形象应该顺应媒体和社会的潮流，同时更要借助媒体资源以实现政治传播的多样性发展与双向性交流。通过类似的讽刺喜剧，可以实现诙谐、有趣、大众化，而且政治人物形象不再是冷面，而是丰富多彩、有人情味。

最终，在希拉里的极力劝说下，克林顿勉强同意参加演出。

于是，克林顿意外地出现在一群人中：一批笨拙的古巴劫持者正试图劫持一架小型的短途班机，克林顿戴着一顶皮制的飞行员头盔，盖住了脸。随后，他发表了一通笑点十足的演讲。在演讲中，他用自嘲的方式对自己的错误进行了调侃，既取笑自己，也取笑了弗兰克·怀特。对他的做法，众人们露出了会心的微笑，并原谅了他的错误。

事情的结局果然像希拉里预料的那样，克林顿的做法受到了人们的欢迎。

这是希拉里的坦白和智慧所发挥的巨大效力，人们对于坦诚的犯错者或多或少会抱有好感。因为一个敢于承认错误的人，才不会第二次犯这种错误。

5. 暂时的避风港

平凡的生活

卸任后的克林顿，在沉寂了一段时间之后，生活回归到正轨上来。摆在克林顿面前的一件事，是他需要找工作，需要养家糊口。

在美国，从政治仕途走下来的人，他们唯一的出路是借助自己的工作阅历和声望到一些公司从事行政方面的工作。

克林顿也不意外。按道理说，他就任过州长，想找到一份满意的工作应该不难，可他在当州长时制定的很多政策都得罪了当地的大公司，所以根本没有公司愿意接受他。

意外的是，他在任期内也做出了一些成绩，因此有很多外州的公司给他发来邀请函，希望他可以去工作。克林顿和希拉里经过商量后，决定接受赖特·林赛和詹宁斯律师事务所的工作。

有了正式的工作，他们的生活归于平静。慢慢地，他喜欢上了正常的家庭生活。

“在我和克林顿的生活中，经历了那么多的事情，也就在那一段时间，才是我们正常快乐的正常生活。”希拉里说。

简单的生活方式，几乎是一成不变的：每天早晨，他们从闹钟中醒来，一杯鲜牛奶或者咖啡，再来几片烤面包，煮鸡蛋、香肠、松饼等。安顿好切尔西，两个人去上班。工作结束后立即回家，准备晚餐，然后一家人坐在一起，陪伴切尔西，看着她慢慢长大。每逢周末，她就和克林顿带上女儿，按时到小石城的伊曼纽尔教会做礼拜，给人们留下一个虔诚家庭的形象。工作之余，全家人一起去郊游、和朋友聚餐。不仅如此，他们还和很多邻居建立了深厚的友谊。这是一段无欲无求的安乐生活。就是这样，他们在公众面前失去的形象正在一点点被重新找回来。

再次扬帆起航

在几年平静的生活中，二人的工作都取得了很不错的成绩。但对于克林顿来说，他显然不满足。一只老鹰，即便是落在鸡窝中，也总有扇动翅膀的冲动，有一飞冲天的一刻，毕竟它属于天空。

而希拉里随时都在准备着这一天的到来，她早已下定决心，要为丈夫的成功付出一切代价，为他的下一次竞选开道。

这一次，他有了两个选择——竞选州长抑或是竞选参议员。克林顿的第一选择是参加阿肯色州下一届的州长竞选，而希拉里则更希望克林顿竞选参议员。希拉里的想法是，克林顿已经成为阿肯色州最年轻的州长之一，这一名头早已被很多人知道。如果能够成功竞选参议员，他将会成为有史以来最年轻的参议员。而在20世纪80年代的美国，年轻人一直被认为是国家的希望和未来。克林顿顶着“最年轻的州长”“最年轻的参议员”的头衔，势必会为他的政治之途增加不少的印象分。

希拉里的看法也得到了克林顿的朋友的认可。他们认为，阿肯色州只是一个小州，而且阿肯色州的问题很复杂，当阿肯色州的州长是个吃力不讨好的活儿。如果能成为参议员，就可以为家乡和国家做很多好事。

可克林顿有他自己的想法，他认为没有成功连任是他政策上的冒失导致的，从哪里跌倒就从哪里站起来。同时，他也要证明自己竞选时的政策是正确的，能够给民众带来好的生活。

为未来定好方向后，他重新找到了助手贝齐，让他帮忙整理自己的档案，他要东山再起。

成功竞选州长连任

1981年，阿肯色州州长竞选再次开始。这一次，他做好了准备。美国传统的情人节刚过，他就开始为新一轮的竞选四处奔走了。第一站，他前往布林克利的狮子会俱乐部发表了演讲，并且见到了一直支持他的选民。这些选民都是克林顿的忠实粉丝，他们表示会继续支持克林顿竞选州长。在这以后的几个月里，克林顿没有再参加过任何公众演讲。

而恰恰在这个时候，曾经击败过克林顿的弗兰克·怀特由于在处理克林顿在任时的一项措施，遭到了当地居民的一致抗议。

这项措施是克林顿设立的乡村诊所制度，弗兰克·怀特却想取消这项政策，结果他的议案没有通过。最后，他为了满足人们的需要被迫建立了更多的诊所，这一举动无异于搬起石头砸自己的脚。此外，弗兰克·怀特还作为《创世科学法案》的倡导者而成为人们嘲弄的对象。

弗兰克·怀特的困难绝不仅仅只有这些，他还面临很多其他方面的问题，他甚至还犯了一个非常严重的错误。在立法方面，弗兰克·怀特派即将上任的公共服务委员会的官员与阿肯色州电力公司会谈，但在他的发言中却出现了大量的话语失误，引起人们的哄堂大笑。

此时，弗兰克·怀特看上去已经无力赢得他的下次竞选了。

随着新一届州长竞选的临近，克林顿与希拉里全身心投入到了战斗中。他们与各阶层的百姓接触，了解他们的想法，宣传自己的主张。希拉里也接连组织了很多的集会，直接请选民向自己的丈夫提意见。通过这些活动，克林顿对竞选的形势有了全面的了解，他们接下来要做的就是为第二年的州长竞选作周全的准备。

时间很快到了1982年1月，竞选即将开始。希拉里邀请迪克·莫里斯作为克林顿的政治顾问参加竞选团队。迪克·莫里斯是一位非常聪明的人，他认真地分析了上一次竞选失败的原因，决定帮助克林顿重新树立形象。

他提出了一个很好的建议，让克林顿在正式宣布参加竞选之前，首先在电视上承认导致他上次失败的那些错误，请求选民再给他一次机会。不过这是一个冒险的行为：如果克林顿再次失败，他就不可能再回来参加竞选，至少在很长一段时间都不会有这样的机会了。

这一想法和克林顿不谋而合，他也一直在思考这个问题。最终，他拍板决定，再冒一次险。此外，克林顿的得力助手贝齐也越来越老练，在政治上越来越成熟，并且她还在阿肯色建立了自己的人际关系网，她依然负责克林顿的竞选活动。

一切都按照原来计划好的进行。在2月的一个晚上，当阿肯色州人打开电视时，看到了一张久违的面孔：克林顿。电视里面的他，神情暗淡、紧咬嘴唇，留着传统发型，并不断说着“对不起”。这是负责本次克林顿竞选媒体计划的希拉里与一家广告公司精心策划的视频。在这短短几分钟的视频中，克林顿向人们诚恳地承认了错误，并恳请观众能再给他一次机会。接下来，克林顿发表了慷慨激昂的演说。在演说中，他向阿肯色州人做出了郑重的承诺：加大力度改善教育，创造更多的就业机会和降低公用事业的税率。

这三个问题恰恰是弗兰克·怀特任州长时最令人诟病的地方。他在任期间，虽然兑现了竞选时的承诺，降低了汽车牌照费，却增加了更多的公共事业税。这样，等于变相违背了自己的承诺。此外，他在经济方面也没有提出任何有效的措施，阿肯色的经济状况没有得到一点改善。这一点，最终让人们对弗兰克·怀特感到寒心。

在这种情况下，克林顿的出现迎合了人们对新的州长的需要。人们已经忘记了两年前对克林顿的诸多不满，只希望下一任的他能给阿肯色州一个美好的明天。克林顿的演说受到了人们的热烈欢迎。

大势所趋，选民一心，最终，克林顿再次成功当选为州长。他创造了阿肯色州历史上的一个奇迹——第一个下台后又重新当选的州长。

这次竞选成功，证明克林顿和希拉里已经适应了政治的残酷性，也从两年前的失败中获得了宝贵的经验。在这次竞选中，他们准备得非常充分，不仅准备了完整的竞选纲领以及现实主义基调，还重新定位了新一届州政府的工作目标。这和他们以前的理想主义思想是相背离的。但无论怎样，他们获得了最后的胜利。

宣誓就职

1982的圣诞节过后，克林顿在他的支持者面前，宣布就任阿肯色州第42任州长。此后，他连续十年担任这个职务，直到1992年当选美国总统。

在就职演说的整个过程中，希拉里都陪伴在他左右。克林顿承诺，他会给阿肯色州人民提供更多的就业机会，他会将更多的资源投入到教育中去，给穷人和小学区的学生们接受教育的机会。

希拉里在克林顿的首个任期内就帮助他兑现自己的承诺，进行医疗保健改革。他们在各地建立医疗网点，招募医生、护士和家庭主妇下乡服务。后来，希拉里又被任命为乡村保健委员会主席。之后，她又加入“新世界基金会”的董事会。该基金会是一个慈善组织，为一些“儿童保护基金组织”这样的自由团体提供资助。希拉里一直非常喜欢儿童工作，愿意为儿童付出自己全部的努力，这次她总算是找到用武之地了。

在这个任期内，克林顿面临着极大的挑战，他的困难在于如何兑现自己在竞选中对选民做出的承诺。恢复阿肯色州的经济，满足民众的需求，这是一项复杂的任务。更何况，当时整个美国都处于经济的低迷期，要把阿肯色州从一个大的经济低迷期中引向光明，是非常有难度。但不管怎样，克林顿还是决定把自己的满腔热情都倾注在阿肯色州这片令人神往的土地上，实现自己的政治抱负。

在宣誓仪式后，克林顿及他的团队险些做了一件令他们陷入尴尬的事情。宣誓就职之后，克林顿接受了一位助手的建议，到小石城一个生意红火的酒吧开庆祝会。希拉里知道后非常生气，立即把有关的人员狠狠地训斥了一番。从此以后，再也没有人敢违反希拉里规定的纪律了，包括克林顿在内。正是这种严格的纪律性，使克林顿的竞选班子在希拉里的带领下取得了一个又一个的成功。

希拉里与教育改革

在克林顿上任不久，美国优质教育委员会发表了一份《国家在奉献中》的调查报告。该报告指出，在全美的各学校中存在一股“越来越高的滑向平庸的浪潮”。与此同时，在“科学研究同友会”举行的一次测验结果表明，阿肯色州的学生在阅读和数学得分方面远远落后于全国的平均指数。这一切都表明阿肯色的教育现状已经到了很严峻的地步，教育改革势在必行。

在这种背景下，克林顿大刀阔斧地对教育进行了改革。

在教育改革时期，希拉里一直是克林顿背后的支持者。她帮助克林顿建立了一个教育标准委员会，成员大都是老师或者学校管理人员，而希拉里则是委员会的领导者。为了完善教育质量标准，希拉里带领委员会走遍整个阿肯色州的学校，组织学生家长和老师参加座谈会。

希拉里很勤奋，也很努力，工作效率特别高，在不到一年的时间里，她就在广泛征求意见后拟定了调查报告，并在报告中提出了一套新标准。

不管何时，任何改革都会触动一部分的利益，都会遭到反对。希拉里推行的这个新标准也不例外，一些年龄较大的老师认为新标准削弱了传统的教育方法，制定的标准并不适合老教师，是对老教师贡献的抹杀，但这并不影响希拉里工作的进程。

1984年3月，希拉里制定的《教师考试法》在州议会上顺利通过。根据这个方案，所有的从业教师都必须于1987年6月1日前通过教师资格考试，所有的学区也必须在1987年达到规定的标准。逾期没有通过考试的教师将被除名，而达不到考核标准的学区也将被合并到符合标准的学区中。

《教师考试法》颁布不久，美国优质教育委员会又发布了一份名为《危机中的国家》的报告。这份报告令希拉里和克林顿感到震惊。报告称，在过往20余次标准不同的国际知识竞赛中，美国学生从未得到过名次，甚至有一次是最后一名；有2300万美国成年人、13%的七岁青少年和多达40%的少数族裔民众事实上与文盲差不多；中学生在标准化考试中的平均成绩低于26年前第一颗人造地球卫星发射升空的时候；自1962年以来，最重要的大学入学考试“学术能力倾向测验”的分数一直在下降；所有大学的数学课有1/4的任务是补课，补习过往学过却完全不会的知识；而很多的企业则需要花费很大一笔钱用于员工知识培训，更多的企业为了减少成本，不惜前往中国的清华大学和北京大学去招聘员工。这份报告表明，不仅是阿肯色州，就连整个美国都必须进行一场声势浩大的教育改革。

教育方案违反宪法

美国优质教育委员会发表的报告表明，克林顿实施的教育改革正好迎合了整个教育的大趋势，这无形中增加了克林顿的政治筹码。

趁热打铁，在希拉里的帮助下，克林顿递交了一份教育资助提案并通过了一些适度的改革教育措施，这些措施包括在所有校区开设幼儿园，并立法允许学生在家庭居住地没有开设类似课程的情况下，到附近学区学习多达一半数目的课程。

克林顿很自信地认为，这将是最好的教育资助方案。然而，在当年的5月份，阿肯色州最高法院判决克林顿的教育资助制度违反宪法，他们必须重新拟定一份新的资助方案，然后政府再给予拨款。

结合阿肯色州的情况，希拉里给克林顿提供了两个建议：一，把最富裕和最小的学区的资金转移到最贫困但发展最快的学区；二，重新筹措足够的费用，在不伤及拨款过多学区利益的同时使其他学区与之持平。

然而，矛盾再次出现，没有一个学区愿意看到拨款资金从辖区学区抽走。最终，法院的判决给克林顿提供了一个前所未有的机会——以支持教育的名义征税。

6月，教育标准委员会完成了初步报告，并公之于众。舆论以压倒多数之势表示赞同新的标准。当地媒体认为，希拉里领导的这次教育改革是50年来所有阿肯色州教育方面相似措施中表现最好的。夏天的时候，教育标准委员会在全州75个县举行听证会，希拉里开始在各地进行演讲。她让所有的阿肯色州人知道，全州总共370个校区就有90所中学没有开设化学课和物理课。她认为，化学知识和物理知识的学习对人们思维能力的提高具有很大帮助，而阿肯色州正好缺少这方面的教育，这是阿肯色州的教育在50个州中排名倒数第一的一个重要原因。至此，阿肯色各地的人们都开始对希拉里的勇气表示钦佩。

“学校的首要任务是教育，而不是提供娱乐服务和社交机会。纪律并不是什么深奥的道理，如果它能被准确、清楚地理解，得以公正地执行，并且被认为理应如此，它就会起到应有的作用，否则，它将不会有什么作用。”希拉里说道。

改革成效显著

尽管阿肯色州的教育改革在一段时间内引起了很大的争论，但结果却平息了一切争论。

短短几年的时间，克林顿在阿肯色州实施的教育改革取得了显著的成绩：教师的工资涨到了4400美元，这是全美国最快的增长幅度。在所有学区里，学生的考试成绩稳步提高。1986年，南方地区教育委员会对南方五州的十一年级学生进行考试，阿肯色州是成绩超过全国平均分的唯一一个州。这是一个很大的成功。

一时之间，阿肯色州的教育模式吸引了美国其他州的注意，甚至美国政府也派专人前来调查。克林顿因此名声大噪，这无形之中再次增加了克林顿的政治砝码，而这一切都离不开希拉里在背后的默默支持。

除了教育改革之外，在医疗保健、环境保护、监狱制度和其他领域也采取了相应的改革，都取得了很不错的成效。当然，这一切都离不开希拉里在背后的支持。

第六章
人红是非多

希拉里是独立的，坚强的，但却经受了美国历史上一个妻子可能承受的最“引人注目”的花心丈夫。

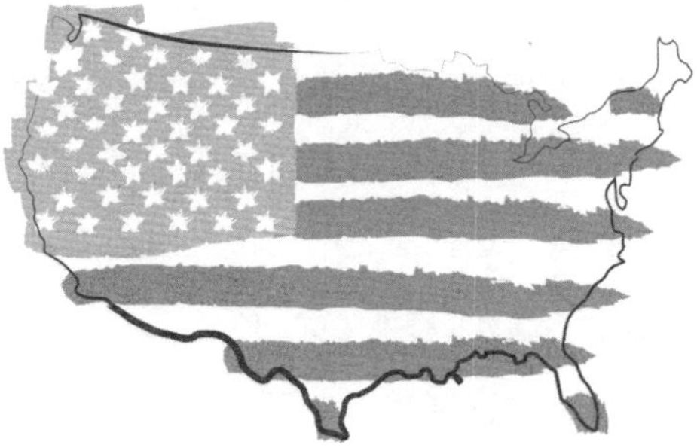

1. 负面缠身的克林顿

害群之马

在阿肯色州的教育改革进行得如火如荼的时候，在克林顿的名声扶摇直上的时候，他的家庭中出现了一件大事：他同母异父的弟弟罗杰·克林顿因贩卖可卡因被警察局拘留。

对一个政治人物来说，家人的一举一动都会引起媒体的关注，甚至成为政敌攻击的把柄。好事不出门，坏事传千里，罗杰的被捕，很快在阿肯色州上上下下传了个遍，媒体的推波助澜，让这件事引起了轰动。

如果罗杰的哥哥是一个普通的上班族，那么他的名字可能会出现在报纸上一个不起眼的版块中，简单的百余字就介绍完了。可他的哥哥是克林顿，是美国政坛一颗冉冉升起的新星，这就不是一个不起眼的版块能够介绍完的，也不是简单的百余字就能结束的。

无孔不入的媒体，将克林顿家族上上下下翻了个遍，甚至希拉里的家族也未能幸免。此时的克林顿，无论怎样做，都会被人议论一番。若包庇弟弟，他会陷入万劫不复的地步。而依法严办的话，他又会被批评为“没有人情味”，甚至会招来弟弟的憎恨。

在征求了希拉里的意见后，克林顿向媒体做了一个简短的声明——他尽管爱他的弟弟，但依然会依法审理他的案件。并且他还请求民众给他更广阔的生活空间，不要太关注他的家庭生活。

对于克林顿的举动，罗杰并不买账，就连他们共同的母亲也不理解他的做法。这个时候，希拉里必须要出面了——在家庭问题上，女人与女人沟通起来会顺畅一些。在希拉里循循善诱的劝说下，母亲理解了儿子克林顿的做法。很快，罗杰也体会到了哥哥的良苦用心，积极配合检察机关对他的指控。最终的审判结果是罗杰被判刑一年。

审判结束后，克林顿对媒体发表了自己的看法。他说，他完全尊重法律，尊重法庭的判决，并且他将尽一切力量帮助弟弟戒毒。他还将以此为戒，劝阻年轻人不要吸毒，与毒品划清界限，认识毒品对身体的危害性。

罗杰贩卖可卡因事件是希拉里与克林顿夫妇第一次家庭危机的导火线，处理得不好的话，克林顿的政治生涯有可能会就此终结。最后的结果还是圆满的，家庭风波成功解决。

花心的克林顿

美国总统的花边新闻能够调动起全世界人的神经，比如，美国第35任总统肯尼迪，被公认是美国总统史上最花心的人，据称这位风流总统拥有的情人数目比白宫中的房间还多。美国第36任总统约翰逊比肯尼迪还要厉害，他公开吹嘘自己的情人要比总统肯尼迪还多。

而克林顿也毫不逊色以上两位总统，在花边新闻上，他要算是最狼狈的总统了，他是唯一一个在全美国人面前就自己的性丑闻事件道歉的美国总统。

而克林顿的这一事件要从他的花心说起。在希拉里结识克林顿之后，就已经知道他的花心，但出于爱，她还是毅然决然地跟他在一起。

克林顿任阿肯色州州长期间，事业风生水起，8月份，又被选为全国州长协会副主席，很快又被选为主席。与此同时，民主党全国委员会政策委员会发表了长达八页的声明，公开表扬克林顿在阿肯色州教育改革中取得的成绩，并为他颁奖。克林顿在全国的声望渐增。

希拉里为丈夫取得的成绩骄傲不已，这时，她却发现克林顿一直和一些女朋友过往甚密，其中一个就是珍妮弗·弗劳尔斯。

珍妮弗·弗劳尔斯的身份是新闻播音员。据她说，她与克林顿之间的情人关系维持了12年，这一关系是在克林顿与希拉里结婚后不久开始的。

希拉里很生气，她感觉受到了欺骗和侮辱，她第一次正式考虑离婚。可不久后，她不得不放弃了这个念头。因为此时，克林顿正处在政治生涯上升的关键时刻，她不愿意让自己深爱的男人因为离婚而中道崩落。几年之后，这件事在克林顿竞选总统时再次被提及，并最终证明此事另有内情。

名声越来越响

或许是否极泰来，经过“弟弟贩卖可卡因”和“离婚事件”以后，克林顿的好运气接踵而至。1986年，阿肯色州州议会修改了原来关于州长任期的规定。新规定允许州长和州政府高级官员，每届可上任四年，还可连选连任，任期不限。这一规定的出台，使克林顿有了更多的选择机会，也使他在政治舞台上有了更广阔的发挥空间。克林顿的努力给自己奠定了坚实的政治根基，给他赢来了以前从未给他投票的共和党人和保守的无党派人士的支持。

就任阿肯色州州长的几年时间，虽偶有波折，但整体还很顺利。

很快，1986年，新一届的州长竞选再次开始了。克林顿决定再次参加竞选。

他们唯一的女儿切尔西已经6岁了，已经开始看电视新闻，也开始读一些报纸。一个6岁的孩子，接受信息的能力特别强，但明辨是非的能力尚缺。希拉里认真地告诉女儿，有的时候人们可能会说一些不好听的话攻击她的父亲，但这些话往往是不分是非的，是夸大的，不能与之计较。而6岁的切尔西的表现远比她所想象得要成熟，她终于松了一口气。

很明显，希拉里担心丈夫的竞选会影响到女儿，所以提前打了预防针。令希拉里始料不及的是，克林顿并没有遭到太多尖锐的批评，反而是自己遭到了政敌投掷过来的尖锐的“炸弹”。他们先是针对她在罗斯律师事务所的合伙人的待遇问题上纠缠不清，接着又对该事务所同州政府的往来进行诸多质疑，而这些麻烦，都被克林顿巧妙地解决了。

老对手再次对垒

在竞选州长连任的路上，等待他的是老对手弗兰克·怀特。弗兰克·怀特与克林顿之间，彼此已经非常了解。有了上一次击败他的经验，再加上自己的团队越来越成熟，因此，克林顿并不担心弗兰克·怀特能打败他。

在竞选中，弗兰克·怀特在电台中宣扬克林顿夫妇以权谋私的行为，理由是希拉里是罗斯律师事务所的合伙人，而克林顿下属的政府单位曾经与罗斯律师事务所有过业务往来。

对于这一质疑，克林顿当然是全盘否定，并否认从中谋取任何利益，否认有过任何以权谋私的行为。可弗兰克·怀特总是抓住希拉里的问题不放，并质疑希拉里成为罗斯律师事务所的合伙人，是因为克林顿使用了某些权力。

克林顿索性调侃了弗兰克·怀特一句：“我的老朋友，你是竞选州长还是竞选州长夫人？”这句调侃之言令弗兰克·怀特很尴尬。在接下来的辩论中，弗兰克·怀特似乎在有意无意避免提到关于希拉里的话题。

希拉里的话题没有消磨克林顿的锐气，弗兰克·怀特又找出罗杰·克林顿的话题。这一次，他没有与之真刀真枪地辩论，而是采用了间接讽刺的办法——拍了一条很恶毒的广告。这条广告使竞选的形势瞬间充满了火药味。

这条广告先是播放州长办公室的镜头，接着是一盘可卡因。配上的台词是：克林顿因为接受了一个吸毒重罪犯的竞选捐助，就把州立的公债生意给了他。

弗兰克·怀特可能会用这一话题让克林顿出丑，他的竞选团队曾经想到过，但却没有想到会以这样一种形式出现。很快，克林顿针锋相对，他也制作了一个广告形式的宣传片，回击弗兰克·怀特对他的污蔑。广告切入了史蒂芬斯公司的镜头，然后配的台词是：弗兰克·怀特在那里工作。

弗兰克·怀特在当州长期间，他支持的是史蒂芬孙公司。这是一家垄断阿肯色州公债市场的公司，但是如果弗兰克·怀特上台，垄断的现象将又会出现。克林顿的回击非常有效，怀特搬起石头砸了自己的脚，反而在曝光自己的卑鄙行为的同时，还为克林顿歌功颂德。这场广告宣传战的成败很明显，弗兰克·怀特在民众心目中的形象进一步恶化，而克林顿获得了更多人的支持。

几个月之后，克林顿成功地赢得选举。

女律师委员会

克林顿任阿肯色州州长期间，希拉里个人的事业也经营得风生水起。

1987年2月，希拉里开始负责美国一个著名的女律师委员会。这个女律师委员会，旨在保护法律行业中的女性从业人员。后来，女律师委员会举行了听证会，广泛审查律师事务所中针对女性的一些不公平现象，比如招聘要求和产假问题，最后发现这类歧视现象有很多。

接下来，该委员会开始为消除这一不公平的现象而努力。首选，拟定了一个关于女性问题的决议；其次，将法律行业中的女性从业人员吸纳进来，共同抵制这一现象。

第二年，在多伦多召开的美国律师委员会会议上，这一决议获得了通过。至此，法律行业女性从业人员的利益问题有了保障。当然，律师行业中歧视女性从业人员的现象并不能彻底消除，但不可否认的是，在希拉里的领导下，律师行业中对女性的歧视确实有了一定程度的缓解。

2. 举棋不定的总统竞选

犹豫中的野心

在阿肯色州，克林顿在教育、经济和福利改革方面取得了引人瞩目的成绩。同时，他扶摇直上，一举成为全国州长协会主席，名头越来越响，颇有政治界的巨星范。他收到了不计其数的演讲邀请，乔治敦大学，牛津大学，耶鲁大学等学校纷纷自称是克林顿的母校，邀请他前去演讲。对于这些邀请，尤其是来自大学的邀请，克林顿当然是来者不拒——这些演讲对扩大他的人际关系网，对未来的政治生涯能起到很大的作用。因此，很多人认为，像克林顿这样一个有能力的州长，完全有可能参加总统竞选。一时之间，人们对他是否会参加总统竞选众说纷纭，甚至一些小报认定他就是总统的不二人选。甚至，阿肯色州民主党中还出现了主张克林顿竞选1988年总统的呼声，而克林顿是如何打算的呢？

此时的克林顿，刚过不惑之年，他的内心是蠢蠢欲动的，他觉得自己完全有能力追求更高的政治目标。于是，在小石城举行的一次记者招待会上，他说了一句令人振奋的话——如果时机成熟的话，我非常愿意参加总统竞选。

顿时，掌声如雷。

丈夫取得如此令人羡慕的成绩，作为妻子的希拉里，当然也是幸福的。不过，她依旧保持清醒，她认真地分析了丈夫的优势和劣势，最终，让丈夫放弃了竞选。

这是为什么呢？

总的来说，克林顿有竞选总统的优势，但优势并不明显，却有两个会毁了克林顿一生的劣势，一个是他的多情，还有就是当时的政治大环境。

竞选总统的优势

希拉里认为，当时的克林顿具备竞选总统的三个优势：

首先，他足够优秀，尤其是在政治方面的才能，算得上是人中龙凤。这一点在阿肯色州已经得到了证明。

其次，他在教育改革方面取得了很好的成绩，这可能会因此得到民主党人的支持，并且她认为克林顿领导的政府可以很好地解决面临的这些问题。

最后，她相信民主党人摆脱共和党人给他们施加的沉重压力，重新入主白宫的时间并不遥远，而他将是民主党内最好的总统人选。

但同时，一些并不好的现象出现在克林顿的身上，这主要来自家庭因素。他的弟弟罗杰·克林顿刚刚出狱不久，对自己的哥哥没有对自己伸出援手一事一直记恨在心。同时，希拉里的父亲休·罗德姆刚刚中风，母亲多萝西也因为身体不适搬到小石城来了，希拉里需要分心照顾他们。

另外，克林顿本身似乎也并不自信，他也是经过了考虑，始终摇摆不定，这乃是政治竞选中的大忌。

克林顿的多情

克林顿的身边一直不缺乏女人，这一点希拉里心知肚明。

“多情的克林顿在与女人交往方面，似乎有着用不完的精力，随时都可以精力充沛地与她们暧昧，这一点太让人难以忍受了。”希拉里说道。

尤其是在克林顿成为一州州长之后，投怀送抱的女人更是数不胜数。从第一次放弃玛丽安的儿童基金会中的工作，希拉里就知道她这一生要忍受克林顿的身体与精神上的出轨，一次又一次。在这一点上，没有任何一个女人能够像希拉里那样，坚定地站在丈夫的身边，与他进行思想和政治上的沟通，这也是为什么花心的克林顿始终不会离开希拉里——与其他任何女人都只是逢场作戏。

而克林顿多情的特点，一定会成为政敌攻击他的有力武器，即便是无法将他击倒，也会让他名誉扫地。他们的小家庭，他们唯一的女儿切尔西，还很年幼，这些事情一定会成为无法避免的伤害。

政治大环境

还有一个不可忽视的因素，就是美国当时的政治大环境。

希拉里认真地分析了民主党与共和党的劣势和优势。在她看来，1988年前后，民主党还没有机会赢得当年的大选，因为“里根革命”的时代还未结束，即使发生严重的政治危机——伊朗门事件，她仍然觉得乔治·布什那温和版的里根形象还是很得美国人民的信任与好感。而克林顿的影响力主要在阿肯色州，在美国人民心中，他还只是一个陌生的名字。她觉得对克林顿来说，继续完成在阿肯色州的事业，继而把它发展成为在全国范围内坚定支持他的一个根基，继续扩大他在全国的影响力是当时最好的选择。

这里，解释一下美国的两个政治事件，“里根革命”是里根任总统时，通过减税、福利改革、放松政府管制、扶植中小企业等措施修复了自由竞争机制，导致美国中产阶级消费水平的下降、消费结构的调整和工作动机的提升，推动着中产阶级生产主义的回归和社会发展精神动力的复苏，美国经济由此得以摆脱危机，回归上升的轨道。

伊朗门事件也是里根任总统时，美国向伊朗秘密出售武器的事情被媒体揭露出来，从而造成里根政府严重政治危机的事件。在美国国内，这就像一场强烈的政治地震。

希拉里认真考虑了一番，最终规劝克林顿放弃竞选总统。克林顿深知妻子的能力，因此他在考虑希拉里的意见后，下定决心暂时放弃总统竞选。

很快，克林顿召开了一个记者招待会。当天，来自全国各地的记者挤满了发布会的大厅。很明显，大家都认为克林顿会宣布参加总统竞选，并认为这是一条极有价值的新闻。然而，结果他们知道的消息与他们事先预想的南辕北辙。

在发布会上，克林顿真情流露，他含着眼泪，正式宣布放弃参加总统竞选。在接下来长达一个小时的招待会上，他说，女儿切尔西和妻子希拉里是他生命中最重要的人，他最大的希望就是她们能幸福地生活。一旦他参加竞选，他和希拉里将长时间地忙于工作，而希拉里则会迎来又一段疲惫的生活。这对他们一家人来说是一件非常痛苦的事。如果他的竞选要以和女儿的分开、以妻子的疲惫为代价，那他宁愿放弃。

这是克林顿做过的最感人的演讲之一，没有发言稿，说的都是心里话。这一刻，他就是一位疼爱孩子的父亲，一位爱妻子的丈夫，他的话打动了在场的所有人。

发布会上，希拉里也是眼含热泪，她为丈夫能够接纳她的意见而感动，为丈夫对女儿和她的爱而感动。

克林顿的性格缺陷

尽管心中颇多不舍，但克林顿还是放弃了总统竞选。这之后的一段时间内，克林顿一下子从满腹热情的工作状态变得毫无生气，他一直对希拉里唠唠叨叨，诉说自己的生活毫无乐趣。

“我很了解克林顿，我知道他性格中的缺陷因素。幼年时寄人篱下的生活，加上继父一手制造的暴力家庭环境，让克林顿在疲劳、孤独、愤怒的情况下容易内心混乱和软弱，有自毁、抑郁的倾向。”希拉里说道。

为了帮助丈夫走出低谷，希拉里积极地营造温馨、幸福的家庭环境，同时鼓励丈夫，让他积极参加一些社会活动。

为了让丈夫克林顿意识到他的能力与声望，希拉里决定做一些事情去证明这些。当然，做这件事情既是为了丈夫，也是对自己的一次政治测验。希拉里当时认为，一旦她能当选阿肯色州州长，那么州长之位将成为她竞选总统宝座的完美踏脚石。

放弃总统竞选后的克林顿，消沉了一段时间。他起初决定不去参加州长竞选，希拉里则很认真地说：“如果你不参选，那么我去参选。”

希拉里认为，克林顿混乱的男女关系肯定会在选举中给他和家庭带去麻烦。对于希拉里的决定，克林顿表示大力支持，他认为很长时间以来，妻子一直以他的事业为前提，为他做了很多牺牲，这次难得妻子有信心参加州长选举。

希拉里邀请克林顿的核心幕僚迪克·莫里斯为她做了两次民意测验，看她能否继克林顿之后，竞选阿肯色州州长的宝座。然而迪克·莫里斯的民调测验显示，希拉里竞选州长的民众支持率低得可怜，因为一直以来，人们只是将她当作克林顿的妻子，仅此而已。这一调查结果让希拉里深感震惊，从而坚定了她辅助丈夫的决心。

因为妻子的民众支持率低得可怜，若参选也无法获胜，克林顿决定再次参加州长竞选。

希拉里的威望

不久之后发生的一件事，让希拉里感觉很不错——《美国法律期刊》将希拉里选入“百大最有影响或权势的律师”之一。这家报纸的规模虽然不大，但在美国律师行业及民众中声望十分高。3年后，这家报纸重新编选了美国百大最有影响的律师名单，希拉里的名字依然存在。2000年，希拉里在参选纽约议员时，将这件事当成自己的资本，并声称曾入选《美国法律期刊》百大顶级律师。

希拉里的做法引起了该报的不满。该报发表文章称："顶级"一词的含义是多方面的，包括最优秀的、能力最好的，或者是最聪明的。但希拉里的入选是基于丈夫克林顿的州长身份的影响力，两者并不相同。

不可否认，希拉里的律师生涯并不像她所引以为傲的那么辉煌，更多是基于她的政治光环及丈夫的影响力带来的各种荣誉。这一点在后来的政治生涯中被越来越多地证实，最后她甚至不愿意提起自己的律师生涯，尤其是在阿肯色州的律师经历。因为在这期间，她创立的白水公司，最后到了失控的局面，演变为来势汹汹的"白水门事件"。

不过，希拉里的能力依旧不容置疑。在1993年的美国总统竞选年，希拉里帮助克林顿登上了总统宝座。又过了7年，希拉里也成为纽约州国会参议员。可这仅仅是她政治辉煌生涯的开始，因为16年之后，她有可能成为美国历史上第一位女总统。

第七章
政治历史的舞台

纽约一位政治观察家丹-格林伯格曾评价说：“对于希拉里，人们或爱或恨，但绝没有中间路线。”在希拉里的狂热追随者眼中，她是一位勇敢的妻子、一位性感的女人、一位充满智慧的女强人。而在她的政敌眼中，希拉里则是一个虚伪狡诈、老于世故和政治伎俩的女人。

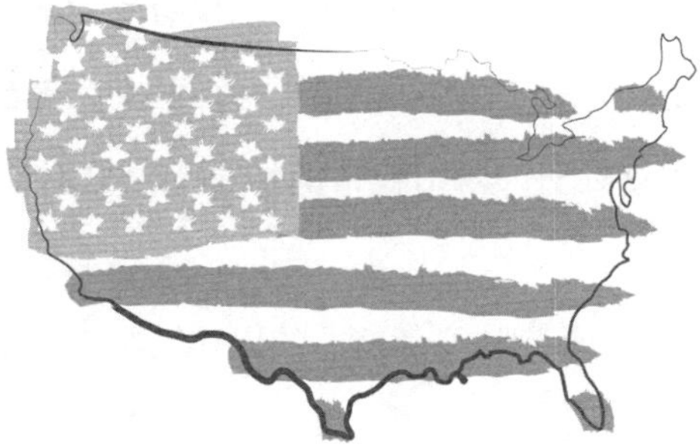

1. 向白宫发起冲击

宣布竞选总统

在阿肯色州，克林顿成为最年轻的州长，之后又五度连任这个职位，他的能力早已毋庸置疑。

鱼入大海，龙出升天，总统一职是克林顿下一个，也是唯一一个目标。

优秀的丈夫，幸福的家庭，此时的希拉里是幸福的，她相信自己的丈夫已经具备了成为美国总统必备的所有素质。在阿肯色州的锤炼，他已经懂得如何去赢得一场竞选。

这时的克林顿，已经很享受在阿肯色州取得的成就，先前想竞选总统的心愿此时已经不那么强烈了。在这种情况下，他的母亲弗吉妮亚和希拉里都支持他竞选总统，难得的是，年仅11岁的切尔西也没有反对。

希拉里认为，自己和克林顿都还很年轻，而且女儿也已经有了照顾自己的能力，同时不会受到竞选中的政治攻击的伤害了，这对他们来说是个绝佳的机会。

家人的鼓励让克林顿下定决心竞选总统。1991年，一个来自阿肯色州并为之工作了18年的克林顿，正式向美国总统的位置发起冲击，开始了踏上通往白宫的里程。

在详细介绍克林顿的总统竞选情况之前，先简单介绍一下美国的总统竞选制度。

美国总统竞选制度

抛开现代科技、媒介传媒的因素，美国的总统制度是选举制，4年举行一次。美国总统选举制度程序复杂，过程漫长。选举的主要程序有预选、确定总统候选人、总统候选人竞选、全国公民投票、选举人团投票表决和当选总统就职。

具体来说，预选是选举的第一个阶段，时间跨度是半年，于选举年年初开始，年中结束。这个时间段内，各党派竞选人将争夺本党总统候选人提名。预选有两种形式，分别是政党基层会议和直接预选。前者是指两党在各州自下而上，从选举点、县、选区到州逐级召开代表会议，最终选出本党参加全国代表大会的代表。后者在形式上如同普选，一个州的两党选民同一天到投票站投票选出本党参加全国代表大会的代表，这是大多数州目前采用的预选方式。

确定总统候选人程序，是在预选结束后，美国的两大政党，民主党和共和党两大政党将分别在全国范围内召开代表大会。会议的主要任务是最终确定本党总统、副总统候选人，并讨论通过总统竞选纲领。

当这一切正式结束后，总统竞选活动才真正开始。接下来，两党推选出的候选人要花费巨资，在全国各地开展旅行竞选、广告大战、竞选演说、会见选民、召开记者招待会以及进行公开辩论等。此外，候选人还将通过多种形式阐述对国内外事务的政策主张，以赢得选民信任，争取选票。

全国公民投票的时间是在11月份的第一个星期一之后的星期二，这一天被称为大选日。为避免大选日投票过于拥挤，目前美国大多数州允许选民在大选日前四五天内提前投票。

美国总统选举实行的是选举人团制度，因此，当选民投票时，不仅要在总统候选人当中选择，而且要选出代表50个州和首都华盛顿哥伦比亚特区的538名选举人，以组成选举人团。在大选中，各个州的选票制度还不尽相同。以首都华盛顿为例，实行的是“胜者全得”的制度，即在纽约获得选民票最多者将获得纽约所有选举人票。也就说，在选举中赢得270张或以上选举人票的总统候选人即获得选举胜利。因此，根据各州选举人票归属情况，通常大选日当晚就能决出选举获胜者。

选举人团投票表决在选举年12月第二个星期三之后的第一个星期一举行。选举人在其所在州的首府投票表决。一般情况下，选举人团投票表决只是例行公事。

还有一个特殊的情况，当两大党总统候选人的选票各获得269张选举人票或因有第三党候选人“入围”而导致无人获得270张或以上选举人票，则总统人选由国会众议院决定。这种情况在美国历史上也曾发生过。

总统就职典礼是美国总统选举的最后一道程序。直至当选总统于次年1月20日在总统就职典礼上宣誓就职，总统选举过程才宣告最终结束。

有钱人的政治游戏

在美国总统选举制度中，有个不可忽视的问题，就是金钱。经济基础决定上层建筑，总统竞选时的经济问题，也就是说，竞选人的钱是从哪里来？

当然，有的竞选人用的是自己的资产，也有一些是政府的钱，也就是美国公民的纳税钱。但这两部分占的比例微不足道，更多的是企业赞助的钱。为总统的选举提供赞助，肯定是有目的的。当然赞助的钱也要受到监督，要受到科拉多所说的众多“复杂而充满矛盾”的法律所限制。

那么，这些巨额款项到底用到哪些地方去了呢？

首先，就是广告费用。在各种报纸杂志、电视广播等平台上做广告，这些广告有的是宣传自己的正面形象的，有的是攻击对方的广告。这笔开销大概占到总费用的二分之一，所以一到竞选期间，电视报纸和电台都充满了和竞选有关的各种广告就毫不奇怪。

其次，就是旅行竞选。总统候选人为了拉近与选民的关系，每天到处拉选票，走马观花似的各地踩点，其主要成员也都随着坐飞机乘火车地到处活动。这当然要钱。这笔费用大约占到总花费的五分之一。

再次，就是竞选人员的工资。竞选中有许多人是义务的，但更多的组织和他们的人员会专门从事这项工作，所以自然需要收入。这笔开销占到总费用的十分之一左右。

不过，双方在花竞选资金的时候并非盲目砸钱无的放矢，而是非常有针对性的，不仅在时机和人员上要精打细算，而且在地区上也会注意分配，争取好钢用在刀刃上。以小布什和克里的竞选为例，双方都把大量的钱投到那些形势不明朗、双方都有机会而且人口众多、选举人票多的州，比如佛罗里达、俄亥俄和宾夕法尼亚。至于那些形势明朗的州，比如得克萨斯州肯定支持小布什，克里花再多的钱也不会有多大效果；而像华盛顿市，小布什花再多的钱也是枉然。

在当前，由于媒介传媒高度发达，美国总统竞选被渲染成一场“个人秀”，候选人用尽浑身解数追求声望和电视曝光率。

时代大背景

里根总统在美国人民心中的地位很重要，他可以跟华盛顿总统、林肯总统、罗斯福总统相提并论，尽管他在任期间有不少的丑闻。里根就任时期，美国正处于低谷时期，由于越南战争，美国人对政府、对体制，甚至是美国价值观的信任都大打折扣，甚至开始产生严重的质疑，更严重的是，美国的经济停滞不前，与此同时苏联却越来越强大，尤其是在军事实力方面，已经远远超过美国。可以这么说，当时的美国，外面有以苏联为首的社会主义阵营的战争威胁，内有美国民众民心涣散，可称得上是内忧外患。

而这一切在里根当总统期间，完全得到了改变。里根执政的那八年，成为美国战后最好的一段时期，人们重新找到了信心，政府重新找回了荣誉感，军事和经济实力走向世界巅峰。更为重要的是，美国不仅经济上腾飞，而且拖垮了苏联。

美国总统只能连任两届，因此里根在1988年卸任了。但是，里根卸任总统一职以后，美国人出于对里根的信任，直接将他的副总统老布什选为总统。可以说，在美国总统的历史上，这是很罕见的。在美国的政治制度中，副总统就类似于一个安全阀门，平时没有什么事情，也不会有什么政绩，这一职位唯一的作用就是总统突然去世时，副总统从幕后转为台前，代替总统的职位。因此，只有非常杰出的总统，离任后才可能让副总统继任。

美国大部分的总统都做过州长或者参议员，而老布什并没有这样的履历，而且其人并没有什么雄才伟略，只是搭着别人的梯子当上总统而已。

克林顿此时参选总统，既是与里根总统的余威和威望竞选，也是与老布什的直接对决。

2. 是是非非惹人扰

为竞选做准备

经过周密的部署，1991年10月3日下午两点，克林顿带着家人在小石城原议会大厦前召开新闻发布会，向新闻媒体与聚集在那里的支持者郑重宣布，他将竞选1992年民主党总统候选人。克林顿宣称，他将会为被遗弃的中产阶级而战，他将带领美国民众重建美国梦，为孩子们开拓美好的未来。

在这次的演讲中，他确定了竞选主题，主要为“重建美国社会，振兴美国经济，提高教育水平，缓解种族矛盾”。

演讲结束后，克林顿微笑着转身拥抱了自己的妻子和女儿，会场上响起了《不要放弃明天》的歌曲，这是他参加总统竞选的主题歌。

然而，克林顿的演讲并没有引起太多的关注，毕竟宣布竞选的人有很多。当时关注克林顿的媒体，将克林顿描绘成“默默无闻的逗趣形象”，很明显，他们并不看好克林顿能走多远，甚至初选都很难通过，更别提能当总统了。

有的媒体则认为克林顿的经验和资历，尤其是年龄方面，距离总统一职还有一段距离。然而，随着克林顿竞选主题为越来越多的选民熟知，关注度越来越高，他身边的希拉里也为人所熟知。

宣布参加竞选没过多久，希拉里便开始筹组自己的工作团队。这和以往的做法不太一样，以往的候选人在提出参选之后，会组建工作团队，然后一切都交给工作团队来打理。比如，候选人和妻子的行程、消息发布等，这些都是工作团队的内容。而希拉里则自己组建团队，亲自制定团队工作内容，并且在接下来的几个月，这一情况越来越明显。

在克林顿的选举团队中，很多人是希拉里工作中的同伴，主要有麦琪·威廉姆斯，与希拉里在儿童保护基金会共事过。希拉里看中的是麦琪的领导和沟通技巧；帕蒂·索利斯，与希拉里在政治活动中结识，性格坚毅勇敢；卡普里西亚·马歇尔，是位精力充沛的年轻律师。工作能力和抗压能力都很强；布鲁克·希勒从事新闻工作，在媒体行业有着广阔的人脉。

为克林顿设计形象

与民主党的其他候选人相比，克林顿来自籍籍无名的阿肯色州，在资历和影响力方面，稍显逊色。

事实也果真如此，而且相比于阿肯色州的媒体，美国其他大州的媒体更毒舌，消息更灵通，报道方面更见功底。

在第一次的电视辩论中，克林顿就出师不利，遭到了公众的嘲笑。

当时的情况是这样的。与克林顿首轮对弈的是弗吉尼亚州的参议员威尔德，威尔德攻击他在社会福利改革方面糊弄民众，是“政治骗子”，而克林顿则反唇相讥，嘲笑威尔德只是个“二年级菜鸟”，他只做过两年议员，没有经验和资格竞选总统。结果，两人在细枝末节的问题上争吵不断，互相攻击，充满了火药味。到最后，他们两个被媒体形容为“一对脾气暴躁的傻瓜”，这场辩论，两个人都是输家。

还好有希拉里在，她立即组织竞选团队出谋划策，最终，竞选团队决定为克林顿重新设计形象，帮他确定和修改电视讲稿，制定竞选策略，甚至在辩论中的措辞和表情及肢体动作等微小的细节都一一过问。

经过竞选团队的重新设计，再加上克林顿的悟性，在接下来的新罕布什尔民主党大会上，克林顿的演讲一下子吸引了现场的观众。

风流韵事捅娄子

在前面的文章中，已经说到过克林顿生性风流的话题，这里不得不重新提起这个话题。从宣布竞选总统的那一刻起，希拉里就开始担心他的风流韵事会再次被爆出来。果然不出她所料，1992年1月，克林顿与珍妮弗·弗劳尔斯的花边新闻出现在一家街头小报上。在这家报纸上，珍妮弗·弗劳尔斯声称自己以前在夜总会当过驻场歌手，她声称与克林顿之间的情人关系维持了12年，而且在报道中还有不少与克林顿的私密细节，这无疑起到了添油加醋的作用。果然，克林顿的名声受到了影响。

希拉里很快就作出了回应。她雇用了一个私家侦探，将珍妮弗·弗劳尔斯的人品和诚信度赤裸裸地展现在大众面前，很明显，珍妮弗·弗劳尔斯的话并不可信。随着调查的深入，证明珍妮弗·弗劳尔斯将她和克林顿的故事卖了5万美元。最终，这件绯闻才得以平息。

克林顿能够度过这一危机，正是因为希拉里的果敢、强势，及时作出正确的决策及有力的回击，才使得克林顿安然度过了这一桃色危机。

口不择言引麻烦

在处理珍妮弗·弗劳尔斯这件事上，尽管希拉里表现出了一个女人的大度和勇敢，但情绪依然受到了影响。

在应邀参加哥伦比亚广播公司的“60分钟”节目中，在问及克林顿绯闻这件事时，主持人用词欠妥，这激怒了希拉里。当主持人问道，很多人都认为希拉里与克林顿的婚姻是一个协定，这句话彻底激怒了希拉里，她说：“我并不是塔米·温妮特那种只会站在男人身边的小女人，我坐在这里是因为我爱他！”

塔米·温妮特是巨星级别的乡村音乐歌手，童年生活颠沛流离，17岁就嫁给了一名建筑工人，生育了3个孩子。当第三个孩子出生时，他们离婚了。后来，塔米·温妮特为了养家，干过很多工作，如美发师，洗碗工。一个偶然的机会，进入了一家俱乐部驻唱，后被星探发掘，走上星路旅程。后来，她结识了乔治·琼斯，逐渐淡出歌坛，成为家庭主妇。

一言激起千层浪，希拉里的这句话引起了塔米·温妮特歌迷们的不满，塔米·温妮特本人也认为自己受到了侮辱，并公开发声批评希拉里。

意识到自己的失礼，希拉里让助手第二天下午就打电话给塔米·温妮特，以她的名义道歉，请求原谅，但塔米·温妮特拒绝接受。希拉里的助手只好打电话给好莱坞明星伯特·雷诺兹，在他的帮助下，塔米·温妮特才接受了希拉里的道歉，这件事才最终不了了之。

选举大本营

总统竞选是一个很漫长很耗费精力的事情，尤其是涉及筹款。克林顿的竞选工作起步比较晚，在不到一年的时间里，整个竞选班子忙得焦头烂额，建立组织机构、筹款、与具体的选区打交道、拉选票等等，一项都不能少，而且一定要做到位，做到尽善尽美。

要实现这一切，还要有一个选址合适的大本营。克林顿的第一个大本营设置在小石城议会大厦不远处第七大街上一座旧油漆店内，这个选址是希拉里的决定。

希拉里选择将大本营设立在小石城而不是位置更好的华盛顿，这是为了靠近州长选举时的“根据地”，并且还能够经常与家人在一起。当然，弊端就是他们出行非常不便。

当然，希拉里还考虑到政治谣言的问题。在华盛顿，铺天盖地的政治谣言势必会影响工作人员的工作效率。在阿肯色州，则能很好地过滤这些政治谣言。

竞选进行得很顺利，两个多月后，竞选义工越来越多，旧油漆店不大的办公面积已经容不下所有的工作人员，于是他们搬到附近《阿肯色报》的大楼里，这里一直到竞选结束都是他们大本营的所在地。

竞选开始的时候，阿肯色州人给他们提供了足够的支持，这让他们的竞选资金可以满足所需。可随着竞选的深入，资金开始捉襟见肘，克林顿开始为资金问题分心。

这个时候，又是希拉里开始发挥作用，她召集自己曾经的校友、朋友、同事等，并借助一些私募基金会，再加上联邦政府的资助，竞选资金越积越多，尤其是民主党的支持和认同，给克林顿带来了更多的竞选资金。

3. 丑闻层出不穷

美国的兵役制度

在克林顿竞选总统的过程中，可谓是一波未平一波又起，旧的问题还没有解决，新的问题再次出现了。在桃色绯闻的影响力还未结束时，他曾经逃避兵役的问题又浮出水面。如果说桃色绯闻属于道德层面的问题，那么逃避兵役就真正属于政治问题了，这个问题甚至会让他功亏一篑。

在探讨这个问题之前，先介绍一下美国的兵役制度。美国现行的兵役制度是志愿兵役制，是军方代表国防力量进行招募，符合条件的年轻人自愿报名入伍。这个制度是1973年3月尼克松总统在越战结束之后宣布实行的。这一制度既强调爱国主义，宣扬为国家和美国价值观效力，也强调通过较高的福利待遇和大学深造机会来吸引优秀人才加入军队。

这个制度经过美国政府的宣传，形成了一种比较特殊的潜规则：你可以拒绝服役，但不能逃避。

当然，美国的兵役制度也有特殊现象，存在免除兵役、缓役或推迟服役。其中包括以下几种情况。

高中在校生：如果是成绩良好且不满20周岁的全日制高中在校生，可以推迟服役。年满20周岁的毕业班高中生也可以推迟服役。

大学生：大学毕业班学生可以推迟服役，直到完成剩余的学年。大学一年级、二年级和三年级的学生可以将服役时间推迟到当前学期结束。

修道牧师：正在执业的牧师可以免除兵役。

宗教学生：在法律认可的宗教中，准备成为任命牧师的全日制学生可以实行缓役。

现役武装部队：包括现役国民警卫队成员、预备役军人、美国国家海洋和大气管理局、美国公共卫生部录用的人员在内的军事人员可以缓役，因为他们已经在为国家服务。

需要赡养家属的应征者：如果一个人的入伍可能导致其家属生活穷困潦倒，那么他有资格申请贫困缓役。

选举产生的政府官员：法官以及包括州长、市长和议员（包括州议员和美国国会议员）在内等各种选举产生的官员都可以缓役。

特定的外国人和双重国籍人员：特定的外国人和同时拥有特定国家国籍的美国公民也具有缓役资格。

拒服兵役者：对于因执着追求宗教或道德信仰而反对参战或拒绝在军队中服役的人员，可以安排其他特殊服役方式。

克林顿的问题，就属于逃避兵役，这是一个很严重的政治污点。

事情的起源

2月6日，《华尔街杂志》率先发表了一篇报道，指出克林顿在1969年曾经有过逃避兵役的政治污点，这一污点会将克林顿直接拒于白宫之外。各大媒体尤其是潜在的竞争对手围绕这一线索开始对克林顿的过往进行疯狂挖掘。5天之后，美国广播公司通知克林顿，他们拿到了一封克林顿写给阿肯色大学军官预备团的信件。在这封信里，克林顿义正词严地表明了他的反对立场，并申明避免参加越战。

不仅仅是克林顿，对当时的一代年轻人，兵役问题都是一个很矛盾的问题——服兵役意味着要参加广大民众反对的越战，但逃避兵役又不是爱国青年的所作所为。

在矛盾面前，聪明的克林顿很巧妙地钻了空子：先是同意参加阿肯色大学的后备军官训练队，延缓服兵役，之后申请前往耶鲁大学法学院，这样就巧妙地躲过了服兵役。

如果克林顿被证实逃避兵役，那么这将是一个很大的政治污点，他可能就此无缘总统一职——一个不爱国的候选人，是无论如何不能被认可的。

这件事被捅出来之后，克林顿第一时间表示否定，他否定自己逃避兵役，但选民们对此表示怀疑，再加上与珍妮弗·弗劳尔斯的花边绯闻，他在民意测验中的排名急速下降。如果事情不能逆转，克林顿将会在竞选中完败。

在接下来的很长一段时间内，兵役问题都是希拉里和克林顿头疼的问题。事实上，克林顿收到过入伍通知，但他从来没去过，这其中的原因除了当事人之外，真相可能无从得知。

真相到底如何？

真相到底是怎样的呢？有各种不同的版本。克林顿逃避兵役这件事，在短时间内各种各样的消息漫天飞，真假难辨，最终不了了之。

参加总统竞选的克林顿，他的官方档案中几乎所有的征兵记录都凭空消失了，尤其是当年的一份《入伍报道令》，更是无从查起。这份文书很重要，里面包含了一条重要信息，就是注销克林顿入伍命令的军官身份。

有媒体报道，通知克林顿延缓入兵役决定的是阿肯色州征兵事务处的霍金斯上校，然而当时霍金斯已经去世，但霍金斯的助理米德尔顿却健在。竞选班子赶在其他人之前和米德尔顿进行了谈判。最终，米德尔顿保证不会跟任何媒体谈论此事。这一消息很快遭到了竞选班子的否认。

这时，又有媒体报道，阿肯色前参议员詹姆斯·富布赖特亲自参与克林顿逃避兵役的事情。当时，在克林顿申请参加阿肯色大学的后备军官训练队时，这个后背训练队已经满员，但詹姆斯·富布赖特利用关系联系到训练队负责人霍姆斯上校，最终，霍姆斯上校同意让克林顿进入训练队。

对这一报道，克林顿的竞选班子同样予以否定。

可事情并没有到此结束，《纽约日报》和《洛杉矶时报》的两家媒体反驳了克林顿的否认态度，并拿出了相关证据。《纽约日报》的证据显示，詹姆斯·富布赖特是当年反对越战的积极分子，他的观念影响了很多年轻人，克林顿在乔治敦大学时曾经做过他的实习助理。

而《洛杉矶时报》的证据则更有说服力，是一张詹姆斯·富布赖特的首席助理给后备军官训练队负责人霍姆斯上校的便笺，便笺的内容就是詹姆斯·富布赖特对霍姆斯上在满员的情况下让克林顿加入训练队表示致谢。

几乎是同时，又有媒体有了新的证据，是克林顿亲自写给詹姆斯·富布赖特的信件，但信件内容并没有提及逃避兵役一事，而是为自己不能按时加入训练队表示歉意。

然而，这些报道都遭到了克林顿本人的否定。一时之间，“对外宣称”与真相之间充满了矛盾。

幸运的是，克林顿的主要竞争对手老布什的团队成员也犯了政治错误。时任美国副总统的丹·奎尔被记者发现，越战期间在国民警卫队的服役过程受到过明显的照顾，这一发现帮助克林顿平息了有关他在逃避兵役时受到特别照顾的批评。

最终，这件事被当成“时代的错误”不了了之，而真相到底如何，恐怕只有克林顿本人知道了。

转移矛盾

在桃色绯闻与逃避兵役的问题中，希拉里的曝光率越来越高。很快，竞争对手将矛头转移到希拉里身上。

克林顿竞选的很多口号都存在着希拉里的痕迹，都和希拉里曾经的工作有关系。当然，克林顿为了突出妻子希拉里的重要性，同时也为了证明对妻子的爱，他不厌其烦地在各种场合告诉大家，他的妻子有较强的能力和丰富的经验，能够在他就职后给他提供很多的帮助。

然而，民众们并不这么认为，他们认为这一对夫妇将会一起执掌白宫。

美国前总统尼克松在接受一家媒体采访时，针对希拉里说过这样一句话：一个强势的妻子会让丈夫看起来非常软弱。希拉里弹奏的琴声太响，以至于人们听不到克林顿的声音。

随后，他忠告克林顿：你的太太可能是聪明能干，不过不能太聪明能干，否则会彻底地将你掩盖。

《时代》杂志也略带讽刺地说道：在以往任何一次竞选中，都没见过一位像希拉里这样成为人们议论的竞选人配偶。

或许是媒体的报道引起了希拉里的警惕，也可能是克林顿的支持率有所下降，希拉里感觉到不妥，她开始有意做出改变。往日言辞激烈的希拉里不见了，以往在公共场合大谈特谈政治的希拉里不见了，更多的是以丈夫为中心，以女儿为中心，宣称自己一直都是以家庭为重心的。

这一改变，效果立竿见影。尽管这可能不是希拉里真正的性格，却成为象征美国妇女地位的标志。在当时，美国的女权运动正进行得如火如荼，在政治竞选中被迫做出改变的希拉里，她的处境赢得了妇女们的同情和支持，她们打出“工作的母亲们支持希拉里”的口号，表示对希拉里的支持。

就是在这样复杂的局面下，克林顿几经周折，终于成为民主党总统候选人。走到这一步，希拉里与克林顿算得上是痛并快乐着。

4. 有趣的总统竞选

三位候选人

经过一番厮杀，克林顿取得了暂时的胜利，他获得了民主党的正式提名。当时，他的竞争对手主要是共和党的老布什以及独立候选人佩罗。

老布什当选总统是得益于里根总统的光环。里根总统做得太成功，连任时获压倒性胜利，赢了50州中的49个，创造了美国政治传奇。由于美国人太喜欢里根，爱屋及乌，所以再次选择了共和党当时的副总统老布什当选了总统。

所谓的独立候选人就是不代表任何党派参选的候选人。在美国，独立候选人是与政党候选人相对的改变，他们并非经正当提名推荐，而是经过自身努力获得选民支持而成为正式候选人。美国属于两党长期轮流执政，20世纪80年代的经济危机，让美国民众对于两党制产生了空前的信任危机，这位独立候选人的出现提供了一个机会，所以就出现了独立候选人佩罗出现的情况。

佩罗是一名计算机产业的大亨，由于他不满民主和共和两党轮流坐庄，因此决定自掏腰包，以独立候选人的身份搅局美国总统竞选。可以说，他的出现竟然无形之中帮助了克林顿，因为他尽管没有获得一张选举人票，但却获得了19%的普选选票，而这些选票原本属于共和党的常规选票，这直接导致老布什的败选和克林顿的上台。

当时三人的情况是这样的，老布什及佩罗的支持率都排名在克林顿之前，老布什刚刚赢得海湾战争的胜利，被媒体渲染为“美国英雄”，而佩罗则是大选中意外杀出的黑马。当时年仅46岁的克林顿，在美国总统的宝座面前，还只是个年轻的菜鸟，总让人觉得不够老成持重。

希拉里和竞选班子敏锐地察觉到问题的关键所在，立即改变了竞选策略，实施有针对性的战略——实施巴士巡回之旅。

这一举动的效果如何呢？来看克林顿说的一段感言：

我从未见过像巴士巡回宣传那样，能够在选民中激起如此持久热情的活动。当然，原因之一是小城镇的居民并不经常如此近距离地接触总统候选人，比如宾夕法尼亚州的科茨维尔、伊利诺伊州的森特勒利亚、威斯康星州的普雷里德欣、加利福尼亚州的沃尔纳特格罗夫、德克萨斯州的泰勒、乔治亚州的瓦尔多斯塔和北卡罗来纳州的埃隆。但最主要的原因是我们的巴士成了联结人民和竞选团队的纽带。它既代表了平易近人的特性，又象征着前卫的发展进步。1992年，美国人虽然有些担心，但仍然怀着希望。我们证实了他们忧虑的存在，也肯定了他们持久的乐观精神。我和艾尔形成了一套很好的常规做法，那就是，每到一站，他将罗列美国所有的问题，并说：“所有事，应该降的却升了，应该升的却降了。”然后他将我介绍给群众，我将告诉大家我们会采取什么措施来处理这些问题。我喜欢这些巴士巡回之旅。我们乘坐巴士去了16个州，而在11月的大选揭晓时，我们在其中的11个州获得了胜利。

在第一次巴士巡回宣传后，一次全国民意调查显示，我以1倍的优势领先老布什总统，但是我并没有把这个调查结果太当回事，因为老布什阵营的竞选活动尚未真正开始。7月的最后一个星期，他启动了竞选活动，并对我发起了一系列的抨击。他说，我削减国防开支增长的计划将使100万人失去工作；我的医保计划将是“克格勃式的怜悯”的政府运营的计划；我要进行的是“史无前例的税收大增长”；作为总统，他的“道德形象”肯定比我强。他的助手玛丽·马塔林以微弱优势挤走了丹·奎尔，充当起竞选中的“铁杆卫士”这个角色，称我是“猫哭老鼠的伪君子”。竞选后期，老布什那一方渐渐处于败势，他委派的许多政治投机分子纷纷开始向媒体曝料，说他们肯定没有做错事。他们中的一些人竟然批评起老民什总统。但玛丽不是这样的人。她对主人忠心耿耿，一直坚持到最后。颇有讽刺意味的是，玛丽·马塔林和詹姆斯.卡维尔已经订婚，很快就要结婚。尽管他们属于两个对立的政治阵营，而且他们都是咄咄逼人的、真正有信念的人，他们的爱情为生活增添了情趣，他们的政治理念为老布什和我的竞选班子中增添了活力。

再次转移矛盾

克林顿的巴士巡回之旅为他赢得了很多的口碑。这时，共和党又开始了新一轮的战略，他们将矛头再次对准希拉里，对她进行更猛烈的攻击。

在这一轮的攻击中，共和党批评希拉里蔑视人权，支持女性随意堕胎，同情同性恋者，甚至诋毁她，说她是思想激进的左派分子，会威胁美国的安全。

很简单，共和党诋毁希拉里的目的只有一个——破坏克林顿的形象。要知道，将竞争对手及身边的人的丑事和缺点公布出去，在美国政治中向来是最有用的招数。

在克林顿还未做出回应的时候，民众已经替希拉里说话了。很明显，共和党用错了战略，他们对希拉里的攻击内容，伤害了广大的女性，这些女性转而对希拉里表示同情和支持。这一次，众多女性支持希拉里的方式更为直接：我们都是希拉里。

言下之意，美国所有的女性都变成了共和党的敌人，我们都支持希拉里！

与此同时，老布什的经济政策又令他丧失了民心，此消彼长，胜负渐渐变得明朗起来。

当选总统

1992年11月，克林顿当选为美国第42任总统，这个来自阿肯色州的男人成为美国有史以来最年轻的总统。当天晚上，希拉里带着女儿陪同克林顿驱车前往阿肯色州的政府大楼，那里已经人头攒动，灯光将黑夜照成了白天。

克林顿向在场的支持者和媒体介绍他的妻子希拉里：我的妻子，将会是美国历史上最伟大的总统夫人之一，让我们为她欢呼吧！

“投票当天夜里，老布什总统给克林顿打来电话表示祝贺。感谢上帝，我很虔诚地做了一个祈祷，感谢上帝赐福于我们，请求上帝指引我们做好即将到来的工作。随后我们带上切尔西，驾车到旧的州政府大楼参加庆祝仪式。”希拉里说道。

第八章
白宫的新主人

当克林顿入主白宫之后，希拉里的政治抱负却很快遭到重挫。希拉里以第一夫人的身份，被任命主持医疗改革计划。但是，她的改革却一败涂地。很快她又因为克林顿的丑闻而出现在公众的视线中，而她对克林顿的支持被认为是克林顿挺过难关的重要因素之一。

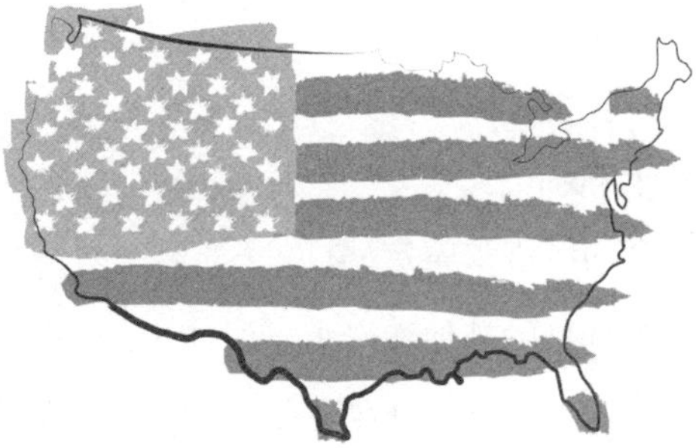

1. 过渡时期的新鲜感

过渡时期

当选总统后的克林顿，还来不及庆祝，就投入了紧张的工作中。彼时的希拉里，还未来得及为丈夫的成功高兴，就被带入紧张忙碌的过渡时期。

阿肯色州的小石城，是一个名副其实的“慢城”，生活节奏非常缓慢。而成为总统后，克林顿和希拉里必须从阿肯色州的生活过渡到白宫的生活，需要做的事情太多了。

希拉里简单地梳理了一下，接下来要帮助克林顿完成的工作主要有以下几个大项：

1. 选定内阁成员、重要的部长级、高级行政官员以及白宫工作人员；

2. 与老布什的手下商讨如何搬进白宫；开始听取有关国家安全的简报，和外国领导人谈话；

3. 与国会领导人接触；

4. 把即将送交国会的经济议案定稿；

5. 制定一个实施克林顿的其他竞选承诺的计划；

6. 处理大量的开会请求，并设法满足竞选团队工作人员和主要支持者们的愿望，让他们尽早知道自己是否能成为新政府的成员；

7. 对随时发生的事件做出回应。

在紧张的筹备工作中，1993年1月20日，美国第42任总统，46岁的克林顿正式入主白宫。上午10时30分，克林顿夫妇驱车由国宾馆抵达白宫，然后，与其前任老布什乘同一辆豪华轿车驶向国会大厦。12时左右，克林顿在国会大厦前宣誓就职。他郑重地翻开了祖母赠送的钦定本《圣经》的《加拉太书》中的6章8节：顺着情欲撒种的，必从情欲收败坏；顺着圣灵撒种的，必从圣灵收永生。克林顿宣誓就职总统一职，随后，他发表了约15分钟的就职讲话，定下了他今后4年任期的施政基调：变革与复兴。克林顿是美国历史上仅次于罗斯福和肯尼迪的第三年轻当选总统，也是首位出生于二战后婴儿潮中的总统。

开放与关闭

从克林顿竞选总统成功的那天起，希拉里就认真地告诉他：你应该做些与众不同的事情！克林顿参考了希拉里的意见，做了两件事。

做的第一件事，就是向公众开放白宫——它是世界上唯一定期向公众开放的国家元首的官邸。这一举动在以前从未有过，克林顿为2000名通过明信片抽奖挑选出来的人发放了门票，与希拉里站成一排，与持票的人一一握手，然后又和在寒风冷雨中等了很长时间的人握手。这一活动持续了6个小时。在结束之后，希拉里和克林顿走出白宫，向聚集在草坪上的人们发表讲话。那天晚上，克林顿和希拉里继续排队站立了几个小时，迎接从阿肯色州来的朋友，以及乔治敦大学、韦尔斯利学院和耶鲁大学的同学。

同一天，媒体也被希拉里和克林顿惹恼了，原因是他们的特权被取消了，不允许他们从位于西翼和公馆之间的新闻发布室，走到紧挨着内阁厅的位于一楼的新闻秘书办公室。

很长时间以来，媒体一直有这一特权，这使得他们可以在两个房间之间的走廊间逗留，只要有人经过，就可以上去提出问题。改变这一点是老布什给克林顿的建议。在之前，老布什政府里的两三名高层向老布什抱怨，说这样的安排会降低效率，增加泄露秘密的可能，因此才有了取消这一特权的决定。

这一决定让媒体闹翻了天，克林顿似乎有些动摇。但希拉里则坚持这一决定，并认为朝令夕改是大事，而且媒体在这件事上的表现就像一个刚被断奶的孩子一样，很快就会将其忘记。毫无疑问，这项政策使得工作人员可以更自由地活动，谈话也不用担心会泄密。

不习惯白宫生活

和普通人一样，刚进入白宫的希拉里和克林顿都感觉到强烈的新鲜感，工作之余总是在白宫内转来转去。可新鲜感过后，他们感觉到极大的不适应。

首先，生活方式的改变，让希拉里很不适应。在阿肯色州，他们的生活节奏很慢，生活方式也以简单朴素为基调，几个家庭保姆和保卫人员住在隔壁，希拉里会经常开车送切尔西上学，他们的生活基本上不会受到保卫人员的打扰。克林顿的性格幽默，喜欢轻松自在，喜欢和保姆及保卫们在茶余饭后调侃解闷，偶尔还会一起玩桥牌游戏。可这一切在白宫全部变了样，白宫就像是一个透明罩子，他们的一举一动都能被媒体捕捉到，生活毫无隐私可言。这里有许多的服务人员，仅保姆就有各种不同的分工。另外，老布什总统入主白宫的生活方式是严肃的，充满着贵族气息，白宫的服务人员已经适应了老布什的生活方式，而克林顿幽默打趣的生活方式让服务人员很不适应。

“刚进入白宫生活时，服务人员都很一本正经，克林顿试着去打破尴尬的气氛，他很幽默地开了一个玩笑。那真的是一个很有意思的笑话，可结果只有我们两个人笑，看起来像是一群人看着两只会说话的猴子。”希拉里说。

不仅是克林顿，包括他的班子成员，这些人年轻有活力，工作方式比较轻松幽默。而希拉里由于性格比较严谨，白宫的服务人员更喜欢她一些。

还有比较有趣的一点，就是贴身保护总统的特勤组。克林顿有的时候会去晨练，不过这得根据他晚上的睡眠质量。睡眠质量好的话，他可能会一大早就从床上爬起来，通过慢跑等方式锻炼。可如果睡眠质量差的话，则会放弃晨练。特勤组无可奈何，只好准备了两组特工，一组西装革履正襟威严，另一组则身穿运动服，根据总统的需要随时调遣。

如果说这种生活可以避免的话，那接下来遇到的问题，则会让克林顿和希拉里彻底发狂，就是他们的吵架问题。

希拉里和克林顿两个人性格都很要强，这注定了两个人在一起不会有人示弱，所以吵架难以避免，这一点从恋爱开始就一直存在，并不稀奇。他们在阿肯色州的官邸住了那么久也没传出什么，可在华盛顿却迅速流传开来。希拉里很生气，她认为是特勤组泄密的，可又没有什么把柄，而且也很无奈，毕竟住在白宫里的总统是没有任何隐私的。

2. 步步困难的医改

美国医疗困境

美国的医保体系一直饱受诟病。欧洲大部分国家在二战之后已经建立起全民医保体系，而美国直到克林顿竞选总统之前，还有超过3500万人没有医疗保险，而且这个数字还在增加。在这种局面下，美国不得不考虑对医疗进行全面改革。

当时的美国医疗体系，呈现的是一种矛盾的局面，医疗技术称得上全球顶尖，但医疗费用负担却处于失控的地步，医疗资源利用率低困扰着美国政府。

美国的一家独立机构专门对医疗问题做过一项调查，调查结果出乎所有人的意料，医疗费用最大的支出居然是管理成本，占总费用的四分之一。同时，滥用新技术和昂贵的医疗设备，也促进了医疗费用的增加。

积重难返的局面，令美国民众对美国医疗保险制度产生了强烈的不满情绪。然而，没有任何一个人、机构或者政府部分愿意接手这个出力不讨好的烂摊子。

在克林顿竞选总统时，提出过医疗保障问题，并大做文章，以此为题大力造势。在竞选中，他提出将会为美国公民提供一份新的健康保险计划。同时，克林顿的主要竞争对手老布什也针对这一点提出了一个计划，他的计划是建立在以税收基础上为期5年的短期的医疗保险改革计划，该计划将额外花费10亿美元。

很明显，这一计划是老布什的无奈之举，为了竞选总统连任不可为而为之，而且改革计划比较有限，而克林顿的计划中则更为全面，更能吸引民众。

正是凭借建立全民医保的口号，克林顿才成功地当选总统。

针对这个现象，美国相关专家认为，民众选择克林顿，主要是对医疗改革的期盼。首先，改革可以确保他们享受到更好的医疗保障，其次，他们对于当前的医疗服务质量表示满意。但是，改革后医疗费用的支出将更加低廉。

困难重重的医改

1993年1月25日，也就是克林顿就职5天后，第一夫人希拉里被任命为全国医疗改革团队的负责人，这个团队包括卫生与公众服务部、财政部、国防部、商务部和劳工部等部的部长，以及退伍军人事务部和行政管理预算局的负责人等。

在这一消息宣布之后，出现了对希拉里很不利的局面。

首先，民众对医疗改革期待很高，而负责医疗改革的居然是身为律师的希拉里。民众对此产生了不小的抵触情绪，他们认为希拉里不适合这个职位。

“我确实不是医疗保障专家，也并非该领域的专家，不过我很乐意置身这些困难之中，并充满信心做好这件事。”希拉里说道。

其次，国会已经出现了有关医改减速的预兆，这是更为不利的一个方面，这说明希拉里在医改保障问题上操之过急了。

尽管困难重重，但希拉里还是坚持不懈地继续下去。

此后，希拉里率领这一特别团队开始秘密为克林顿起草医疗改革计划。在此期间，他们花了大量的时间组织来自不同单位的政府官员、医疗政策专家、经济学家以及医保团体参与，还举行了大量的听证会、座谈会。

在这个团队中，希拉里有20名下属，团队的办公地点被称为“希拉里地盘”。办公室位于许多人都渴望搬进去的白宫西翼，而此前第一夫人的办公室都位于东翼。另外，她让克林顿任命她的办公厅主任为总统助理，这也是美国历史上的第一次。

然而，这一举动却给他们带来了不小的麻烦。在华盛顿，总统的一举一动都需要考虑再三，他们需要考虑舆论，需要得到舆论的认可和支持。这一点与在阿肯色州大为不同，在阿肯色州，他们比较自由，生活节奏慢，也很容易控制舆论。但华盛顿是美国的政治权力中心，一举一动都备受瞩目，想要像在阿肯色州那样控制舆论简直是不可能。

克林顿任命希拉里办公厅主任为总统助理就让美国民众很不满意。在一份民意测验中，36%的人认为希拉里权力过大，会自顾不暇。

顾头不顾尾

经过考察调研，医保改革法案的初稿正式出炉了。

1993年11月20日，克林顿总统向国会提交了由特别团队起草的，被称为《健康保障法》的健康照顾改革法案。《健康保障法》的名字是希拉里取的，很明显，她希望这部改革法案能够载入史册，成为美国立法历史上的一个重要的里程碑。

在这份法案中，构架了美国卫生医疗保险制度的改革框架。其中，最核心的特征是，建立全民健康保险计划。建立全国医疗保险需要强制雇主和雇员共同支付医疗费用。其中，雇主被要求支付绝大部分的医疗成本约80%，个人支付其余部分。

尽管克林顿和希拉里推出的新医改方案几乎把全民医疗体系的理想都实现了，但是，一个法案能否顺利通过，还要看众议院和参议院的脸色。

总统上任还有一个严格的考核标准，就是上任中期的成就考验，这一点又被称为“承诺履行标准”。在这个过程中，经常会出现这样一个局面：多数选民在总统选出来之后，很快会发现自己的境遇并未得到改善，或者之前热热闹闹的大选已经使得大家对于政治感到疲惫。因此，总统所在的政党都会在中期选举中失利，甚至全面丢失国会的控制权。

克林顿的医改正在面临这个局面，而这时候，医改方案遭到了拒绝。只能说，克林顿的医改“胎死腹中”。

这一事件恰好说明美国式民主虽然能够一人一票选总统，但是却无法左右国家政策的走向。而多数民众对于复杂的医疗问题一窍不通，对于医改成败更是一片茫然。

父亲去世

在希拉里为医疗改革法案忙得焦头烂额的时候，一件不幸的事情发生了——父亲休·罗德姆严重中风。

听到这个消息后，希拉里和切尔西以及休吉、安东尼急忙赶到小石城圣文森特医院。父亲休·罗德姆的主治医生德鲁·昆普瑞斯是希拉里的朋友。对父亲的病情，他没有任何隐瞒。他很无奈地告诉希拉里，她父亲遭受了严重的大脑损伤，正处于深度昏迷，很有可能再也醒不过来。

不过，他并没有把话说绝，他建议可以与病人说话，甚至唱歌，这种方法存在唤醒病人的可能性。

接下来的一段时间，希拉里、休吉、安东尼留在圣文森特医院，轮流和他们的父亲说话、唱歌。期间，他们的母亲多萝西也赶了过来。父亲休·罗德姆的脾气很暴躁，对自己的妻子多萝西从未有过尊重，可此刻，希拉里却从母亲眼中看到了深切的悲伤和不舍。这一点让希拉里对夫妻的概念理解又加深了。

希拉里、切尔西、多萝西和休吉、安东尼轮流对休·罗德姆讲话，甚至唱歌，而休·罗德姆好像平静地睡着了一样，没有人能够准确地说出他还能撑多久。

几天后，希拉里又得到了一个不好的消息。主治医生德鲁告诉她，她的父亲已经脑死亡了。经过家人的商量，在一个平静的午后，家人帮助他把呼吸的机器拿掉了。

“父亲没有留下任何遗言，他的遗容那么平静、那么安详，就像是进入梦乡一样。然而，他的离开留给我无限的悲伤。”希拉里说道。

然而，这个倔强的老人却没有放弃。医生告诉他们，父亲的心脏依然强健地跳动着。而这个时候，希拉里必须要回华盛顿，她必须要回去工作，而切尔西也必须回去上课。希拉里曾答应4月6日到德克萨斯大学奥斯汀分校去发表演说，如果取消的话，会产生很不好的影响。因此，希拉里决定如约前往。

当时，希拉里非常悲伤，但是，她依旧坚强且出色地完成了演讲。她说：“在步入新千年之际，我们需要有目的性的新政治。我们需要关心个人责任和关怀的一种新社会风尚。我们需要重新定义什么是文明社会，因为这个社会解答了由市场力量和政府力量共同提出的一个无法解答的问题，即，我们如何才能建设一个社会，使我们再次充实起来并感受到自己属于一个比自己更重要的组织”。

演讲结束后，希拉里又马不停蹄地赶回了小石城。第二天，父亲去世了。希拉里和家人在小石城为他举行了追悼仪式，然后把他送回斯克兰顿，在法院街卫理公会教堂举行了葬礼。

文斯·福斯特吞枪自杀

1993年7月20日下午1点，又一件不幸的事情降临到希拉里的头上——文思·福斯特自杀了。

对于文斯·福斯特，美国著名的记者伯恩斯坦在希拉里的传记《掌权女人》中，将文斯·福斯特称为希拉里的“另一个男人”“蓝颜知己”，认为两个人的感情之深甚至超越了爱情。

然而，这位“另一个男人”“蓝颜知己”随希拉里进入白宫任职后几个月却自杀身亡。

前面已经做过介绍，希拉里与文思·福斯特的交情开始于1976年。当时的希拉里已经跟克林顿结婚，为了爱情来到阿肯色州的小石城。由于文思·福斯特的引荐，希拉里很快进入罗斯律师事务所，成为该州律师事务所唯一的女律师。虽然不少同事最初无法接纳这位思想前卫的新女性，但文思·福斯特却帮助希拉里克服了这一难题。

文思·福斯特英俊帅气、身材高大、风度翩翩，他与克林顿其实是儿时玩伴，从4岁起就是邻居。不过直到接触希拉里，他才真正进入克林顿的生活。文思·福斯特与克林顿的性格有很大差别，却与希拉里有些相似。性格上的共同点让希拉里与文思·福斯特走得更近，二人在工作时经常是形影不离。不过，这种工作伙伴中的形影不离，在别人眼中就成为暧昧情节——一起吃午饭，一起打高尔夫和网球，一起漫步，更有甚者，他们拿着一杯葡萄酒热烈地交谈和开心地大笑，周围相熟的人都怀疑他们的关系不寻常。

对于此，伯恩斯坦认为，文思·福斯特是希拉里可以依靠的肩膀。他从她的身上看到了自己的一部分影子，而她则与他分享无法与克林顿分享的一部分生命。他们的亲密对克林顿并不构成威胁，克林顿也很欣赏文思·福斯特的谨慎、智慧。

随着克林顿入主白宫，文思·福斯特与希拉里走得更近，他被任命为白宫副法律顾问，并负责处理希拉里的法律事务，成为仅次于白宫办公厅主任和白宫法律顾问之后的第三号实权人物。文思·福斯特很希望与希拉里的关系能一如既往，然而白宫的日子与小石城的生活完全不同，事情向着相反的方向走去。

由于工作压力大，希拉里与文思·福斯特的关系越来越远，甚至有了公开争吵，争吵的原因就是因为前面提到的“生活在透明的玻璃罩中”。

当希拉里和克林顿的生活细节被媒体报道后，她要求文思·福斯特彻查这件事，并要求对特勤组进行大轮换。但文思·福斯特却认为，这一举动会引发反作用，便暂时搁置了。几天后，希拉里与克林顿发生激烈争吵并怒摔台灯的事情又被媒体大篇幅的报道，这让希拉里非常愤怒。

希拉里毫不留情地训斥了文思·福斯特，说他根本没把自己交代的事情放在心上。就是这样，从前的朋友关系变成了上下级关系，文思·福斯特的情绪产生了较大的波动。

与此同时，又接连发生了“白水门事件”及“旅行门事件”，而文斯·福斯特都是直接参与人，这让他压力倍增。

他在日记中用很消极的文字写道：我的无知、缺乏经验和超负荷工作让我错误连连。我不能适应这份工作和华盛顿聚光灯下的生活，钩心斗角、绞尽脑汁的较量令人毁灭。

7月20日下午1点，文斯·福斯特离开了办公室。5小时后，警方在华盛顿附近的弗吉尼亚的福特摩西公园发现了他的尸体，他用一把左轮手枪向自己的嘴中开了一枪，结束了生命。

文斯·福斯特死前留下字条说：“公众绝不相信克林顿夫妇以及他们的忠心幕僚的清白了。”但疑问在于，他销毁了与“白水丑闻”有关的文件。

文斯·福斯特的吞枪自杀让希拉里非常伤心。

“在一千人中，在那些可能自杀的人中，我怎么也想不到会是福斯特。”希拉里伤心地说。

旅行门事件

在这里，我们有必要谈一下美国第一夫人的角色，“第一夫人”并非公职，也从来没有被写进美国宪法的义务。按照美国惯例，第一夫人就相当于总统的私人秘书，这个秘书不拿工资，也没有任何行政职位。

另外，因为美国总统的关注度，总统夫人的关注度也很高。在闪光灯的作用下，每一任总统夫人都在定义“第一夫人”这个角色：模范妻子；白宫主妇；时装模特；社会志愿者、总统的政治伙伴。夫人们在不同领域间切换，并接受着所有人的检阅。

贵为第一夫人的希拉里，就很不幸地卷入被称为“旅行门事件”当中。

在白宫，因为总统出行的需要，专门设置有一个旅行办公室，全权负责总统出访期间随行人员的各种旅行安排。

这里的工作内容都是比较繁杂琐碎的，需要和大量的商业性机构打交道。在这中间，出于节俭经费的考虑，一些过于琐碎的工作内容使他们不可能面面俱到地自己去联系，所以，他们把一些业务包给一些商业性的服务公司去做。这样与政治政党毫无关系的事务性机构，在白宫换主人的时候，往往是雷打不动的角色。不论是哪一党当政，这个部门还是做着同样的工作，为轮流坐庄的总统安排旅行事宜，所以，这个部门中的员工都是白宫的老雇员了，属于元老级的人物。

在克林顿入主白宫时，这个部门中甚至有在肯尼迪总统时代就开始在这里工作的雇员。然而，在克林顿入主白宫之后不久，这个部门一下子被解雇了包括主任在内的七名雇员，理由居然是这个办公室的财务流程不合规定。而解雇的命令来自希拉里。

这原本是很正常的人事更迭，却偏偏时任部门主任的戴尔有很广泛的媒体资源。他利用媒体资源喊冤，指责是希拉里滥用权力才把他们免职的。这样，经媒体广泛报道之后，所有人都将关注点集中在希拉里身上。

更为可疑的是，在替换被辞退的办公室工作人员之中，有一个居然是希拉里的近亲，更让人觉得“形迹可疑”。

更糟糕的是，就在这个节骨眼上，参与解雇七名旅行室雇员的白宫顾问文斯·福斯特，突然在白宫吞枪自杀。尽管从他的遗言和种种迹象看，都显示他是因为承受不了紧张和压力，厌倦生活而弃世的，可是，就算文斯·福斯特的死因确是如白宫所宣布的那样，他至少是死得也太不是时候了。他死在这个节骨眼上，能让人不起疑吗？

这个时候，很多媒体猜测文斯·福斯特的死因，有的说是因为参与希拉里某个阴谋“畏罪自杀”，有的干脆怀疑他是让希拉里给“干掉了”。在舆论的轰炸下，局面乱作一团。

尽管当时有关那些雇员的行为调查还没有得出结论，大家已经倾向于从“白宫阴谋”，或者至少是“希拉里滥用权力”这样的角度去考虑这个事件了。这一事件就这样在报纸上成了“旅行门”。这时，距克林顿上台还不到半年。

事情到了这里还不算结束。在国会众议院的调查委员会调查“旅行门”的过程中，又发现白宫在开除旅行办公室主任戴尔的几个月后，向联邦调查局调阅了戴尔的机密背景档案。随着这条线索查下去，发现白宫安全室在此期间，超越白宫权利，从联邦调查局调阅了四百零八份前共和党政府官员的档案，其中甚至十七份在事情爆发的时候，还没有归还。包括一些著名的共和党人的材料，也被白宫调阅。

这个消息一见报，马上引起一阵哗然，被称作了“档案门”。

3. 为旧账买单

道德危机降临

1993年的圣诞节，希拉里过得很郁闷。在这之前发生的两件事，让她和克林顿再次饱受指责。12月19日，希拉里正为即将在白宫举办的一个圣诞节晚会做着准备工作，《美国观察家》发表了记者戴维·布罗克的一篇新闻稿。在这篇新闻稿中，四位阿肯色州州警宣称，在克林顿任州长时，他们曾帮他拉过皮条。其中的两名州警称，他们帮助克林顿安排艳遇。他们说，克林顿要求他们开车把他送到各家酒店，与不同肤色和身份的女子私会。或者，当克林顿离开官邸时，他们会根据“希拉里的日程”安排克林顿与这些女子会面。有一次，克林顿命令一名州警与一名叫葆拉·琼斯的女子接上头，并安排他们在楼上的一个房间会面。

其实，这并不是什么新鲜的新闻，类似的事情在克林顿竞选总统期间就出现过，只不过这次出现了很多细节性的东西，这是在以往不曾出现过的。更有说服力的是，克林顿的一些行踪在时间上与以往媒体的报道不谋而合。

州警们编造的情节半真半假，极具杀伤力，尤其是对希拉里造成了很大的伤害。因为希拉里认为竞选已经结束了，这样的事情也会成为过去。可事实上，类似的事情似乎永远也不会成为过去。

一时之间，白宫对此也毫无对策。而希拉里，只能带着怒气工作，她在内心祷告，希望这篇新闻稿的影响尽快平息。

然而，这件事并没有如希拉里所希望的那样尽快平息，而是愈演愈烈，克林顿的道德问题再一次被人们提及，希拉里有些承受不住了。她开始变得郁闷、愤怒和疲惫。

“我以为一切都过去了，可没想到，它们又死灰复燃了。他们要彻底把我们打垮。”希拉里说道。

希拉里和克林顿的同事们开始意识到，他们应当考虑如何进行公开回应了。当然，他们在总统和第一夫人之间讨论这些事情时显得有些难为情。

这个时候，贝齐出现救火。她立即赶往小石城，调查整个事情的来龙去脉。经过调查，她坚信有的警察讲了真话，有的警察则撒了谎。其中的两名警察曾经有过诚信前科，他们1990年曾因涉嫌利用一辆毁坏的属于州政府的汽车进行保险诈骗而遭到调查。还有两名警察曾经与克林顿一起患过难，而克林顿高升之后却没有关照他们，这让两名州警很窝火。

顺着这条线索继续下去，贝齐在新闻稿中发现了一个细节：州警们由于疏忽，在讲述细节的时候，忘记了把一个与克林顿发生过关系的女子隐去姓名，于是，葆拉·琼斯的名字在新闻稿中出现了。

一波三折的真相

围绕着这个重要的线索，贝齐展开了调查。

恰在这时，葆拉·琼斯开始指控克林顿对她进行性骚扰，并要求克林顿赔偿名誉及精神损失费70万美元。在起诉中，她声称自己是在1991年任阿肯色州政府职员期间第一次遇到克林顿，之后克林顿就向她提出性要求。虽然她拒绝了，但她认为自己受到了伤害。

在美国，政治人物受绯闻缠身的消息并不少，可真正严重到诉诸法律高度的还是绝无仅有。

在这件事中，希拉里义无反顾地站到了丈夫的一边。她认为，葆拉·琼斯只是个“政治工具”，受到了某些人的控制和利用。幽默的是，这次的美国媒体变成了“外貌协会”的成员，站到了希拉里和克林顿这一边。他们认为葆拉·琼斯是丑人多作怪，是在借克林顿进行炒作，哗众取宠，因为拿她跟希拉里作个对比，就知道无论是外貌还是才学，她跟希拉里都是野草比玫瑰，劣马比麒麟。

但不可否认的是，葆拉·琼斯所陈述的事情却不是虚构的，克林顿确实认识她。根据美国的法律，无论是谁，在法律上都不享有特权，即便是总统，就算克林顿公务繁忙，也应该抽空出庭。在克林顿准备行使豁免权的时候，法院却认为，既然葆拉·琼斯开了先例，说不定日后会有很多女人为了炒作效仿葆拉·琼斯，如果事情到了那个地步，总统才可以行使豁免权。这是克林顿和希拉里始料未及的。

与此同时，克林顿的竞争对手却幸灾乐祸地表示：我很愿意相信总统是无辜的，退一万步讲，即便是总统对葆拉·琼斯做了什么，那也不过是犯了天底下男人都会犯的错误罢了，何况他还很年轻，血气方刚，很容易犯错的。

这个时候，法律专业人士希拉里出面了，她从葆拉·琼斯的财务状况入手，最终找到了突破口——葆拉·琼斯的财务状况很糟糕，她正需要钱。

这桩绯闻案于1998年1月17日上午开庭，在长达6个小时的审理过程中，由于法官明确宣布当事人不得向外界透露任何细节，庭审的具体情形外界不得而知。

最终，法官以葆拉·琼斯的证据不足为由宣判败诉，原告所陈述的事实根本无法证明是否确有其事。这个结果希拉里和白宫当然是满意的。但这只不过是克林顿绯闻案中的小小序曲，因为有一桩轰动世界的丑闻悄悄发生，而这桩丑闻却被证实是切切实实存在的。

由于葆拉·琼斯的败诉以及人们谣传的她与克林顿的绯闻大白于天下后，《美国观察家》的记者戴维·布罗克因为这篇报道向克林顿和希拉里公开道歉。

白水门事件再出现

在前面，我们曾论述过希拉里投资白水地产的事情。从这件事的影响来看，这是一笔不幸的投资，就像是被诅咒了一样，随时都可能出现。

这件事再次被翻出来，和文思·福斯特的吞枪自杀有很大的关联。在文思·福斯特自杀后，有媒体意外得知，白宫总法律顾问伯纳德·努斯鲍姆从文思·福斯特的办公室毁掉了关于白水开发公司的文档。

一石激起千层浪，这件事再次成为一个重大问题。

简单来论述这件事情，白水开发公司是克林顿家乡阿肯色州小石城的一家专营房地产项目的公司，克林顿在这家公司中拥有50%的产权。该公司同阿肯色州的麦迪逊储贷担保公司关系密切，麦迪逊公司的老板麦克道格是克林顿的政治伙伴。

1989年，麦克道格被控告犯“银行诈骗”罪，但最终被判无罪释放。不久之后，麦迪逊公司随之破产，美国的一些纳税人也因之遭受6000万美元的损失。有媒体报道，希拉里曾经从麦迪逊公司得到一笔可观的非法红利，这笔钱先存入白水开发公司克林顿名下，希拉里再利用法律上的空子将这笔钱转出，用作克林顿1984年竞选连任阿肯色州州长的费用。很快，美国司法部联邦调查局宣布对此事立案进行调查。

对这件事，希拉里声称，她不仅没有在白水房地开发生意中赢利，反而将投入的6.9万美元也赔了进去。

尽管如此，希拉里还是决定聘请一名律师。最后，她找到了耶鲁大学法学院的同学戴维·肯德尔，他曾代理过储贷方面的案件，有着丰富的经验，特别善于组织和综合看起来毫无关联的复杂材料。

最终，经过长达7年的调查、取证、询问和听证，在这个过程中，希拉里精通法律的特长被最大化体现出来，她的灵活应对，让调查一直没有结果。最终，“白水门事件”消耗了美国政府几千万美元税款，最后有多达十余人被定罪，但找不到任何足以威胁克林顿和希拉里的证据，最终，希拉里和克林顿被认定无罪。

与媒体不友善

在克林顿任职一百天的时候，迎来了一次小考。当时，媒体针对克林顿上任百天的成绩，在全国进行了一项调查，调查的结果并不如人意。媒体对他的负面报道的数量非同一般的多，对此，希拉里认为，这是因为没有处理好与媒体的关系。

不可否认，尽管媒体经常被称为自由派，但事实上他们很保守。另外，希拉里发现，这些报道中出现了不少针对自己的报道，而报道这些的人大都是年轻人，他们正努力在这样一个新闻报道的体系中实现自己的职业光辉。在这一体系中，每一篇报道都被指望含有政治上的切入点，而且正面的报道是会被同行小看的。

随着媒体竞争的越来越激烈，传统媒体、小报、出版物及广播等，之间已经几乎没有明显的区别，传统媒体会转载来自小报并没有经过核实的消息，在这种情况下，出现这种情况或许是不可避免的。

关于这一点，希拉里说："很明显，民意测验的结果比行政工作表现要差，这在很大程度上是共和党人造成的。他们不断攻击医疗保健改革方案和经济计划，做出一些负面评价，并充分利用失误与差池。在这一点上他们做得很有效。"

当然，尽管希拉里足够嘴硬，但该解决的问题还需要解决。第二天，她找到工作人员，去商讨该如何解决这些负面的报道。工作人员告诉她，生活中有些事情是无法避免的，是无法掌控的。针对这件事，要建立足够强大的心理防线，通过与家人和朋友聊天来修复，以摆脱这些烦恼。

这是希拉里第一次感觉到无措，至于为什么会出现这种情况，在伯恩斯坦的新书《一个掌权的女性》中或许能找到答案。在这本书中，伯恩斯坦称，希拉里在克林顿当选总统的第二年“患上了严重的抑郁”。

当时，好朋友文思·福斯特自杀、父亲去世以及自己对医疗系统的建议被拒绝后，希拉里的情绪状态变得“非常脆弱”。针对这一言论，希拉里虽然没有予以承认，但也并没有否认。

第一次胜利

克林顿从上任伊始就表现得很冒进，大刀阔斧地按照自由派理想来改造社会，这一点是他年轻的体现。他追求自由和理想化的社会，他试图增税，开展各种政府计划，并试图让同性恋在军队中公开化，结果都以遭遇挫折告终，甚至引起反弹。

尤其是在军队公开同性恋爱这一提议，遭到军方的强烈反对，甚至斥责克林顿是“菜鸟总统的菜鸟思想”，最后克林顿以“不问不说”（Don't ask, don't tell）的折中方案草草收尾。

另外，他设想开征奢侈税，本意是向富人征税，结果却事与愿违，直接导致皮草、游艇等高价商品销售下跌，伤害了中产阶级销售员的收入。

可以这么说，克林顿在入主白宫的第一年里，政绩并不如人意，包括他决定复兴经济的五年计划也迟迟不能出产。在这种局面下，又是希拉里的几句话，影响到了克林顿。

当时，克林顿准备前往东京参加一年一度的七大工业国家首脑峰会。在此之前，希拉里安排了一次会议，主要讨论了5年内的经济预算计划，与会的人员里就有希拉里。

和前几次一样，会议一开始就陷入了僵局。讨论双方围绕着细枝末叶争论不休，时间一分一秒地过去，却看不到任何进展。

而希拉里却一言未发，她冷峻地扫视着每一位参会的人。在争论陷入僵局的时候，希拉里开腔了：你们制定的政策很不错，但请你们认真考虑该如何向你们的人民去解释说明，我希望你们能马上采取行动，而不是争论不休，要知道暴躁的狮子是找不到任何食物的……

因为希拉里的这番话，会议马上有了结果。

克林顿也是大动肝火："我明天就要去东京了，这件事必须在我回来之前完成，你们马上开始。"

很快，参议员表决通过了克林顿的预算计划。这是一场濒临失败的胜利，因为克林顿不过获得了比反对者多两票的支持。媒体对这至关重要的两票表示大为惊叹。这两票决定了在克林顿的任期内，政治资本不会面临破产。

事后证明，这个预算计划大大缓解了美国巨大的贫富差距，克林顿赢得了第一次的胜利。

心愿达成

很长时间以来，希拉里一直都有一个目标——成为美国儿童的代言人。这一心愿终于在克林顿任总统后实现。

希拉里经过努力，《全国儿童保护法》的框架终于搭建完成。12月20日，克林顿签署了这项特别重要的法案——《全国儿童保护法》。《全国儿童保护法》提供了一个全国性的数据库，任何儿童看护机构都可以利用这个数据库来检查任何申请工作的人的背景资料。该法案是由作家安德鲁和希拉里共同完成的，目的是为了保护未成年儿童。大部分家长必须要去工作，因此必须把学龄前的孩子交给看护人来照顾。他们有权利知道他们的孩子是安全的，将会得到良好的照顾。

4. 不堪骚扰选择潜伏

残酷的政治

1994年1月6日深夜，希拉里的家庭中发生了一件很不幸的事情——她的婆婆，克林顿的母亲，毫无征兆地去世了。

克林顿悲痛万分，起码他已经是个成年人，能够应对这一切。而他们唯一的女儿切尔西，与奶奶的关系一直很亲密，互相关爱，她甚至将奶奶称为闺蜜。在她书房的墙上挂着一幅奶奶的画像，名为《切尔西的闺蜜》。

当天夜里，希拉里小心翼翼地叫醒切尔西，她把婆婆去世的消息告诉了她。切尔西很伤心，但却表现得格外坚强。

当天上午，希拉里代替克林顿发布了一个声明，宣布了母亲去世的消息。不出意外，这条消息立刻成为新闻热点。

当时正处于“白水门事件”的发酵期，很多媒体都在关注、谈论这件事。令人寒心的是，当时播出的新闻节目并没有因为克林顿母亲这一特殊时刻而停手。节目中的主持人甚至认为，白水事件需要迫切指派一名独立检察官。

节目主持人的话让希拉里目瞪口呆。希拉里原本以为，即使是媒体和政治对手，也会在克林顿母亲去世这天暂停一下。希拉里感到很寒心，她比早前更理解了这个政治。在华盛顿，政治是最特别的毒品。这种毒品麻痹了人们的良知，模糊了人们的判断。不过，这件事也让希拉里成长了。冷血的政治需要热血的参与，更需要冷血的应对。

在处理完克林顿母亲的事情之后，他们连悲痛的时间都没有，立即飞回华盛顿，赶回去整理纷乱的事情。

莫斯科的小聚

克林顿飞回华盛顿之后，安顿好希拉里和切尔西，立即乘飞机赶往欧洲。这一次的欧洲之行已经计划很久了。目的是要设立一个程序，向中欧国家打开加入北约的大门。同时，还必须确保这个程序在运行时不会过分刺激俄罗斯，从而出现不必要的麻烦。

欧洲之行很顺利，此后克林顿又马不停蹄地赶往莫斯科。由于母亲的去世，克林顿的情绪有些低落，于是希拉里决定前往莫斯科与克林顿汇合，安抚克林顿。

这次，她把切尔西也带去了，因为不想让她一个人在家。在莫斯科，他们一家人住在克里姆林宫的客房里。

“这是几天难得的时光，我们一家人在异国他乡欣赏寒冬时节的景色。对我们一家人来说，这是一个很好的忘却悲痛的办法。”希拉里说道。

同时，希拉里还很注意劳逸结合，一有机会，就会带着切尔西上街走走，购买一些手工艺品。这段时光，是希拉里难得的在残酷的政治斗争之外的休闲享受。

莫斯科小聚结束后，他们返回了华盛顿，又回到了充满政治斗争的生活中。在这之后，一件接一件的事情发生了。

17日凌晨，洛杉矶发生了大地震，这是美国历史上损失最严重的地震，房屋、医院、学校和商行都遭到了破坏，损失达数十亿美元。很快，希拉里陪同丈夫前往洛杉矶视察灾情。与此同时，她还到处发表演讲，号召捐款，号召人们为60多万个家庭和企业提供经济援助。

在忙碌的工作中，希拉里找回了曾经的激情。

“虽然很忙碌，但我很喜欢这样的感觉，即便是工作不顺利的时候。毕竟，做第一夫人不是为了享受美好生活，而是要改变这个国家。”希拉里说道。

对于几乎在同时发生的账单门事件，希拉里已经能够灵活应对，在她眼中，这只是小插曲，并不以为惧。当时的事情是这样的，检察官要求希拉里提供在罗斯法律事务所任职时的律师账单记录，因为诸多档案中唯独这批文件不翼而飞。希拉里告诉检察官，自己不知情。但两年后这批文件却出现在白宫希拉里办公室旁边的一个小房间内。经调查，档案上有希拉里的指纹和白宫法律顾问文思·福斯特书写的备忘文字。

无奈的潜伏

1995年10月11日，这是希拉里与克林顿结婚20周年的纪念日。在这一天，希拉里得到了克林顿为她精心准备的钻石戒指，这让希拉里很感动。

“我很喜欢戒指细细的箍上镶着一粒粒很小的钻石，戴上它也是起到一个提醒作用——尽管经历了生活的起起落落，我们仍然紧紧地联系在一起。”希拉里说道。

可好景不长，“白水门事件”持续发酵，希拉里不得不到法庭作证，这传递出来的可不是好信号。之后，她接受总统顾问的建议闭门不出，她潜伏了18个月，在媒体面前消失了18个月。

第九章
轰动世界的桃色新闻

克林顿，一个因为“性”丑闻这个敏感的字眼而声明远扬的美国总统；莱温斯基，一个长相平凡的白宫实习生，但就是她却差点把政绩卓越的克林顿扯下了总统的宝座。希拉里，女强人的代名词，却在丈夫绯闻缠身的情况下，显示了一个贤妻的大度和风度。无论是名正言顺的妻子还是隐秘偷情的情人，都是围绕着克林顿这个“男人”而旋转。

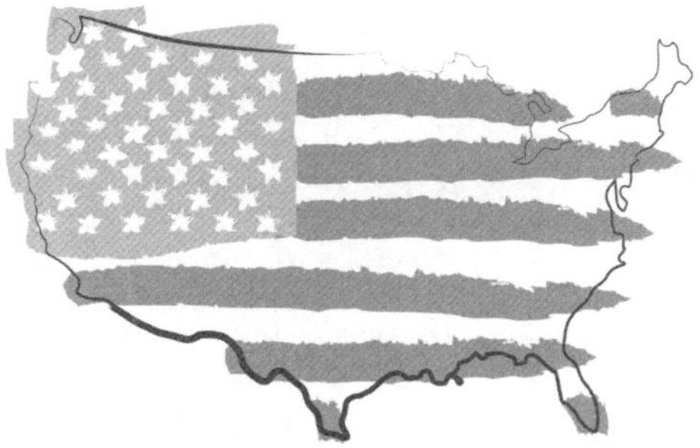

1. 政治与爱情的十字路口

有趣的总统绯闻

美国总统的政治丑闻总是吸引着大批媒体的注意力和公众的好奇心，尤其是花边新闻，甚至能调动起全世界人的神经。可以这么说，没有任何一件事情能比美国总统的花边新闻更有趣。比如，前面提到过的肯尼迪总统，他的花边新闻算得上是充斥着传奇色彩。他与玛丽莲·梦露的关系可谓是扑朔迷离，甚至时至今日，仍有人对他们的关系表示好奇。有人猜测玛丽莲·梦露并非自杀，而是被人谋杀。这和肯尼迪家族脱不了干系，因为传闻中，玛丽莲·梦露与肯尼迪总统及总统的弟弟关系不一般。而且肯尼迪总统的遇刺事件，也被人与玛丽莲·梦露扯上了关系。玛丽莲·梦露的儿子在传得神乎其神的绯闻中又插了一杠子，他在新书《彩虹尽头的玛丽莲：性爱、谎言、谋杀和大掩盖》中，出人意料地披露了玛丽莲·梦露的死因：玛丽莲·梦露死前已怀上身孕，而且玛丽莲·梦露是被5个黑手党“职业杀手”用氯仿毛巾谋杀的。书中还披露，生前结过3次婚的玛丽莲·梦露成了美国总统肯尼迪的秘密情人，肯尼迪担心丑闻曝光，把玛丽莲·梦露这个“烫手山芋”甩给了自己的弟弟，后来总统弟弟厌倦了玛丽莲·梦露，最后至于是怎么回事，就不得而知了。

而最为轰动的，则算是克林顿与莱温斯基的性丑闻了，克林顿因为这件事遭弹劾险些下台。他最初曾否认对自己的所有指控，可最终还是不得不低头认错。

而唯一不变的是，每次的总统绯闻，最难堪的要数第一夫人了。在克林顿性丑闻被曝光后，希拉里所表现出来的异乎寻常的勇气和智慧使她的公众形象不仅没有因为克林顿而受影响，反而大为提高。

事情的来龙去脉

如果这件事的主角之一不是克林顿，或许这只会是一件普通的并不尽兴的偷情事件。而偏偏由于事情的煽情本质，将这件事弄得全球人尽皆知，贻笑大方。甚至，时至今日，依然有人津津乐道——不是它的一波三折，而是真相。

当时是1996年大选结束之后，克林顿的白宫处于大选后的放松状态，碰巧当时由于两党闹矛盾，政府罢工，员工们都不会来上班。就是在这种放松的状态下，寂寞空虚的总统与实习生莱温斯基调情并发生了性丑闻。

世上没有不透风的墙。任何事情，不管你做得多么隐秘，总会有人发现。莱温斯基的上司发现了蛛丝马迹，担心会出事，就把她调职到国防部。

如果事情到了这一步就结束的话，显然不是上帝愿意看到的。莱温斯基作为一个实习生，能与总统发生暧昧，心中当然是一万只小鹿在怦怦乱撞。她把每一次与总统偷情的细节都告诉了自己的闺蜜，而这个闺蜜很不厚道，居然将这个滔天秘密的谈话秘密录音。

如果事情到了这一步就结束的话，显然也不是上帝愿意看到的。恰好当时葆拉·琼斯性骚扰案的代理律师在搜集总统拈花惹草的证据，试图证明总统有偷腥这一爱好。这个律师寻找曾经与克林顿在工作中有交集的人，她恰好找到莱温斯基，莱温斯基提交了书面证词，称自己没有和总统有过交集，同时她又试图说服自己的闺蜜帮她圆谎，但是闺蜜为人比较谨慎，不愿意冒伪证罪的危险，于是将她的录音带交了出来。于是，这件事捂不住了。

作为总统，作为政治高手，如果一开始就全盘托出，显然有失身份。于是，他否认与莱温斯基有染，甚至以总统的身份发誓。

对于这种事，媒体始终抱着看热闹不嫌事大的心态，用各种手段威逼利诱莱温斯基，最终，这件事被全盘托出，同时拿出了最关键的证据——沾有总统精液的一条蓝色裙子。原来，莱温斯基想把它留作纪念，没想到却留下了总统的DNA证据。

在铁的事实面前，克林顿再次以总统的身份发誓，发誓上次的发誓不算数。

随后，克林顿被扣上刑事伪证罪的帽子，被建议弹劾。关键时刻，希拉里站出来，她选择支持自己的丈夫，勇敢地表达对丈夫的支持。她没有让人看到她被愤怒扭曲的脸，没有让人看到她悲伤哭泣。拥有高度政治智慧的她显示出了坚毅的性格，在人们同情和唾弃的目光中她扬起尊贵的头颅，这直接让对总统的控罪不成立，整个事件才终于落幕。

莱温斯基其人其事

莱温斯基，全名是莫尼卡·萨米勒·莱温斯基，1973年7月23日出生于旧金山，父亲是德裔犹太人，母亲是俄裔犹太人。她于1995年在俄勒冈州的路易和克拉克学院取得心理学学位，是一个智商颇高的女子。

1995年7月10日，即将完成大学学业的莱温斯基得到了进入白宫实习的机会，这次的实习为期6周。

刚刚进入白宫实习的莱温斯基，俨然是个单纯的女生，她即将从学校毕业，对复杂的社会，尤其是复杂的政治，还是一窍不通。刚工作的时候，她兴奋得像个小女生，她觉得白宫的工作很有趣，也很刺激，能够有机会见到并亲自参与到一些涉及国计民生的事情，这是其他人可望不可即的。

新鲜劲过后，她慢慢意识到白宫是个复杂的地方，尤其在谣言方面，算得上是一个谣言生产厂。在众多的谣言中，永远有一个常盛不衰的主题：克林顿总统。这位总统以喜欢拈花惹草，而且颇受女人欢迎著称，众多对总统心存幻想的女人常常聚集在一起，讨论白宫里什么样的女人会是总统先生潜在的情妇。

莱温斯基对此很困惑，她不理解这一切。她说："我只从电视上看到过他。说实话，我从不觉得他是个有魅力的男人。你瞧，他长了一个大大的红鼻子，一头乱蓬蓬的头发，发质又硬又直，而且已经有不少白头发了。他是个老男人。跟我差不多年纪的女孩子常常说这个老男人很可爱，觉得他非常性感，我就会想，‘老天，这个地方太奇怪了，华盛顿是不是一个盛产疯子的地方？’”

7月份的时候，在欢迎韩国总统来访的仪式中，莱温斯基第一次见到了克林顿总统本人。当时的克林顿西装革履，英武不凡，散发着成熟的男人的魅力，莱温斯基一下子被他迷住了。

在此之前，她只对同龄的异性男子有兴趣，却不想克林顿改变了她的审美。当然，也是在此刻，她才明白，为什么会有大把的女人崇拜着这个老男人。

当天，她有幸前往白宫南草坪，观看韩国总统来访的欢迎仪式。在安静的等候中，一个声音传出来：“女士们，先生们，现在欢迎美国总统和第一夫人！”然后，军乐队奏起了《向总统致敬》的曲子，总统出现在台上。

在回忆一段往事的时候，莱温斯基说“我一下子就惊呆了。他的身上仿佛有一种磁场，全身散发着性感的气息。我对自己说，‘现在，我终于明白那些女孩为什么会对他着迷了。’”

可克林顿对这个不久之后带给他愉悦的偷情感受又险些将他拉下总统宝座的女子是什么感觉呢？在不久之后第二次的见面中，克林顿的目光是空洞的，莱温斯基在他看来简直是透明的。这让莱温斯基感到很沮丧，她觉得克林顿这个高高在上的男人是远观而不可亵玩的。

第三次的见面

像大多数处于青春期的女子一样，莱温斯基并不是一个愿意接受现实的人，越是得不到的就越觉得珍贵，就越想得到。莱温斯基像个情窦初开的女子一样，开始时时刻刻关注总统的消息，并争取一切机会与他相见。身为心理学高才生的她，深信心理学中的多见效应，见面时间长，不如见面次数多有效。

很快，她又有了见到克林顿的机会——8月9号，她可以参加一次欢送仪式。

总统走过夹道欢迎的人群，人群中就站着毫不起眼的莱温斯基。或许是上帝的安排，克林顿停留了片刻，与一个实习生和她的父亲聊了一小会儿，这对父女恰巧就站在莱温斯基前面。在与他们谈话时，克林顿突然发现了莱温斯基，在那个瞬间，他们的目光交织在一起。

心理学高才生莱温斯基这样形容见面的场景：他只看了我一眼，却已经让我认识了一个真正的克林顿……他的那种目光正是他与女人调情时的眼神。当他过来和我握手时，礼节性的微笑不见了，人群消失了，我们在短暂的一刹那，交换了对彼此的欲望。他用眼睛脱下了我的衣服。

这是莱温斯基一个人的想法还是当时真实的场景？不久之后，当总统与莱温斯基开始交往时，克林顿告诉莱温斯基，他非常清晰地记得当时的情景，潜意识中觉得，莱温斯基早晚有一天会成为他的菜。

这件事让莱温斯基很兴奋，尽管只是眼神的交流。几天后，一个好消息传来了，这个消息让她兴奋得几乎跳起来：实习生们全都被邀请参加总统49岁的生日派对。

莱温斯基决定将自己学到的所有心理学知识都用上，她要让总统在众人中记住自己。

在生日派对中，克林顿再次发现了莱温斯基，而且不停地看着她，向她点头微笑。当总统准备离开时，莱温斯基使了点小心机，站到了人群最前面，成了绝对的焦点。

当克林顿与她握手时，她低声说："生日快乐，总统先生。"莱温斯基还清楚地记得克林顿的反应，他深深地看着莱温斯基的眼睛，莱温斯基再一次被他吸引了。

发现自己引起了总统的兴趣，莱温斯基开心得像个小孩子一样。

得到白宫的工作

在随后的一段时间内，莱温斯基与克林顿又见了几次面，但每次都是很官方的——克林顿表现出亲民的一面，莱温斯基表现出崇拜总统的样子。除此之外，再无其他交集。

可莱温斯基越来越感觉到，她与总统的距离越来越近，近到会发生点什么。

1995年11月1日，整个国家都在欢庆退伍军人节。结束了白宫实习工作的莱温斯基百无聊赖地躺在家里的床上，她在思考着自己有没有机会获得白宫的正式工作。

正在这时，一个电话打进来了。毫不夸张地说，这个电话改变了她的一生，甚至改变了美国历史的进程。那是克林顿的助理打来的电话。在电话中，克林顿的助理传达给莱温斯基两个消息：一个是莱温斯基得到了白宫的正式工作，可以在白宫法制办公室的外联部门工作，年薪是25000美元。另一个消息则是政府即将停工了，没有人知道什么时候恢复正常工作秩序。

当时，议会与总统之间因为预算案未能达成一致，出现了政府停摆现象。简单来说，政府没钱，没法拿出足够的钱来维持庞大的行政部门运作。在这种情况下，白宫只能自食其力，精简机构，暂时只让极少数骨干成员来上班，以维持基本的运作。等到问题全部解决后，再重新恢复运转。

莱温斯基正是利用这个机会，以骨干成员的身份，去白宫上班，做一些简单的工作。

这种紧张而又充满刺激感的工作氛围，让莱温斯基感到很兴奋。只要能见到克林顿，她就心满意足了。

半个月之后，莱温斯基正式上班了。可以这么说，从这一天起，她与克林顿成了同事。在查看文件的间隙，莱温斯基听到有脚步声传来。她抬起头，发现克林顿正从她工作的参谋长办公室门前走过，她兴奋地跟总统打了声招呼，总统笑着回应了她。

从这时候起，两个人的关系开始暧昧起来。

2. 克林顿偷腥的过程

与总统第一次鬼混

有一天下午，办公室的员工准备为同事庆祝生日，莱温斯基作为新来的员工，也参与到其中。令众人意外的是，总统不请自来，主动要求参加这个即兴派对。在派对中，克林顿的眼睛像是安装了定向投影仪一样，不断地看着莱温斯基，向她微笑。用白宫的暗语来说，莱温斯基得到了总统的“宠幸”。

莱温斯基明白，总统已经对她产生了好感，她决定将暧昧挑明，直接告诉总统：我很乐意投入你的怀抱。她走向克林顿，在克林顿转过身看她的时候，她立即转过身，将手放在臀部，然后用手指头勾起了上衣的衣角。这样，克林顿就会看到她穿着的性感丁字裤。同时，她确定克林顿已经看到了她的这些举动。这次挑逗时间不过几秒钟，总统很快将目光从她身上移开，可是莱温斯基已经注意到了他暧昧的眼神。

这其实是一次心理学的试验，试验的对象就是克林顿。如果试验成功，她将会得到克林顿的特别关照。如果试验失败，可能会带来严重的后果，就是她立刻会被解雇。

结果证明，这是一次成功的试验。

当天稍晚些时候，莱温斯基前往办公室时，她看见办公室里只有总统一个人。克林顿看见她，对她挥挥手，说：“进来！”

莱温斯基走进办公室之后才发现，此时，她正与高高在上的美国总统克林顿共处一室，与那个让她崇拜爱慕的男人在一个房屋里。

克林顿俨然是一个调情高手。他首先打破了僵局，他问莱温斯基读的是哪所大学。对心理学颇为精通的莱温斯基，还是觉得有点紧张。突然，她脱口而出：“你应该知道，我非常喜欢你。”

此时的克林顿，俨然是个胜利者，他觉得他轻而易举地就钓到仰慕他的少女。一个男人在猎艳时的智商、情商都是很高的，克林顿直截了当地对莱温斯基说：“跟我进里屋。”

事到如今，莱温斯基对当年在里屋发生的事情依然印象深刻，甚至可以称得上是刻骨铭心。在她的描述下，接下来的事情俨然是一个浪漫的约会场景：

在这间小小的办公室里，总统突然用双手抱住了我，抱得很紧。我记得我在默默注视着他，发现他与我想象中的那个人是那样不同。在他身上，你可以找到一种脆弱和柔软的感觉，他的眼神非常敏锐，仿佛可以看到你的灵魂深处，同时，你能从他的眼睛里看到欲望与渴求。他身上有一种淡淡的忧伤的情调，这是我从未想到过的。

在接下来的谈话中，两个人像初恋情人那样，谈过去的事，谈对方的家乡。情到深处，克林顿对她说：“你非常美丽，你的能量可以照亮整个房间。”

这句话让莱温斯基很激动，也许这句话总统曾经对很多人都说过，可是能这样恭维莱温斯基，她还是觉得很激动。

愉悦并谨慎着

第一次的鬼混结束后，大约是晚上10点钟。克林顿让秘书交换了他和莱温斯基的联系方式，同时约定了以后的见面地点——参谋长办公室。莱温斯基怀着兴奋和激动的心情从白宫回到家中，她的身上还带着克林顿的科隆香水的味道，同时为他们如此与众不同的亲密接触而感到眩晕。被幸福冲昏头脑的莱温斯基，完全没有意识到希拉里的存在，也没有与有妇之夫的男人偷情的任何羞耻感。

第二天，莱温斯基一大早就去了白宫，这次不像是去工作，倒像是与恋人约会。可见到克林顿之后，克林顿的表现却让她失望，他对她置之不理，但仍不时用余光扫过莱温斯基。

莱温斯基意识到，这是总统在与自己抬身价。作为心理学高才生的她，对付这种现象是小菜一碟。她也故意摆出一副不愿意搭理他的样子，表情还充斥着不屑。他知道，克林顿这只偷腥的猫，绝对不会对美味的食物只光顾一次。

果然，克林顿很快就恢复了对莱温斯基的热情，并不时地用眼神去挑逗她，直至得到她的回应。热恋中的人是不会顾忌到周围人的眼神的，克林顿也是如此，和莱温斯基公开调情的动作太过火了，以至于莱温斯基的一个同事在与她交谈的时候，半认真半开玩笑地说，总统对你有意思，这让莱温斯基很后怕。

11月17日，莱温斯基在紧张忙碌中结束了一天的工作。这一天的克林顿一趟也没有到参谋长办公室来，莱温斯基觉得有一丝解脱，但又有些焦虑和不甘心。而克林顿俨然也是这种感觉。由于妻子希拉里没有公众活动，一直待在白宫里，同时又有女儿切尔西的陪伴，克林顿尽管内心像猫抓一样，但也只能隐忍。

准备下班时，莱温斯基的同事买了一份比萨，可一不小心撞到她身上，留下一片油渍，非常显眼。不巧的是，这一幕被站在秘书贝蒂·柯里办公室门前的克林顿尽收眼底。

莱温斯基前往洗手间，想要洗掉上面的油渍。经过走廊时，克林顿说："过来这边，从这里走会快一点。"

莱温斯基第一次走进了椭圆形办公室，美国总统权力的象征，美国最神圣的地方。颇具讽刺意味的是，在这个最神圣的地方，却发生了最不堪、最卑劣、被肮脏的偷情一事。

两人心照不宣地走进了办公室的内室，像两条饥饿的野狗一样，互相撕咬着对方。就在这时，国会议员打电话进来，克林顿很不情愿地接起电话。在这种情况下，莱温斯基继续为总统提供着"服务"。

为了瞒过克林顿的秘书贝蒂·柯里的耳目，克林顿告诉莱温斯基，她可以从走廊附近一个小门走进办公室，这是为总统特设的小门，这样，就不会让秘书看到。

而晚些时候，高高在上的总统带着第一夫人及女儿切尔西，前往旅游胜地希尔顿海德岛与数百名亲友欢度新年。在第二天的媒体上面，出现的是克林顿与希拉里秀恩爱的画面。可能任何人都不会想到，照片中的克林顿是一只正在偷腥中的猫。

现实与理想

两次的肌肤之亲，让莱温斯基与克林顿的关系越来越深。然而，莱温斯基与克林顿不同，克林顿仅仅把莱温斯基当成是一个玩具，或者说是一个临时性伴侣，而莱温斯基始终不知道他们的感情会走向何处。

莱温斯基的家庭出身很不错，在家中很得宠，尤其是父亲对她的疼爱，让她对男人有着很强的操纵力。成年后，她身边的所有男人都要承受她如形象设计师一样挑剔的目光。她喜欢为她的父亲、弟弟，还有数位前男友购买衣服和各种配饰，她喜欢以独特的视角重新打造一个男人，并将之作为炫耀的资本。

同样，克林顿也成为莱温斯基改造的对象。她忘记了克林顿的总统身份，只是将他作为一个普通的男人。

11月底，白宫与议会终于达成协议，白宫停工进入尾声，这预示着白宫的工作节奏即将进入正常轨道，工作人员也会陆续回到工作岗位。那么，他们的亲密关系会因为人多眼杂而疏远吗？莱温斯基很明白这种情况，在白宫人员即将回到工作岗位上时，莱温斯基问贝蒂·柯里，她可否将一条领带替她送给总统。为了打消贝蒂·柯里的疑虑，她解释说，读大学时她一直在领带店里打工，如果她能为总统亲手挑选一条领带，她将感到万分荣幸。贝蒂·柯里并不清楚他们的关系，很乐意地帮助了她。几天后，贝蒂·柯里告诉莱温斯基，总统收下了这份礼物，并表示非常喜欢，还系着它拍了张照片，并希望把这张照片送给莱温斯基。

得知这个消息，莱温斯基很高兴，她小小的虚荣心得到了彻底的满足。

在白宫中，在众人面前，他们的关系仅局限于普通的同事关系，与其他人一样，他们的见面也只是对视一眼，可就是这简单的对视，却隐藏着说不尽道不明的暧昧与挑逗。

克林顿很会逗女人开心，这让莱温斯基很受用。莱温斯基甚至希望克林顿只是个普通人，那样他们的结局可能会有一个很不错的结果。

不堪的鬼混片段

美国第一夫人，是曝光率最高的第一夫人。头顶万人瞩目的耀眼光环，是一个女人至高无上的荣耀。可在这至高无上的光环之下，却有着常人难以理解的心酸。

根据克林顿任总统时希拉里的日常出行计划表显示，克林顿与莱温斯基在白宫椭圆形办公室中偷情时，其中有七次，希拉里就在白宫，只有两次希拉里在国外。可以说，就是在希拉里的眼皮底下，丈夫克林顿与别的女人毫不顾忌地鬼混。

接下来的几次偷情，和前几次的情节大致相同。

1996年1月7日，希拉里在为当天晚上与20多人的聚餐而忙碌，而克林顿却与莱温斯基几乎整个下午都在椭圆形办公室里鬼混。

1996年1月21日，希拉里没有公众活动，和克林顿约定到美国国家艺术馆参观展览。而在下午，克林顿却和莱温斯基在椭圆形办公室的过道里再次鬼混。

1996年2月4日，希拉里和克林顿出席全国州长协会的年度晚宴。而当天下午希拉里为晚宴作准备时，克林顿再次故伎重演，与莱温斯基发生了性行为，两人还坐在椭圆形办公室里聊了45分钟。

1996年3月31日，希拉里根据行程安排，前往希腊访问特尔菲人类遗址地并欣赏民间舞蹈表演。当天晚些时候，莱温斯基继续和克林顿偷情。

1996年4月7日，这天是美国的复活节，希拉里没有公开活动，留在白宫处理一些事情。当天，莱温斯基又和克林顿进行了私会。

1997年2月份的最后一天，这天，莱温斯基一不留神留下了与克林顿偷情的证据。当天上午，希拉里出席了外交官接待室的活动和会议，下午留在白宫。而莱温斯基在椭圆形办公室附近为克林顿口交，就是这一次，莱温斯基的裙子上留下了总统的精液。当天晚上，克林顿一脸轻松地与希拉里出席白宫音乐会，而莱温斯基则一脸幸福地将裙子珍藏起来，作为与总统“激情”的纪念。

1997年3月29日，这一天，希拉里出访千里之外的埃塞俄比亚。克林顿背着希拉里与莱温斯基再次鬼混，只是，这是最后一次了，到了克林顿为自己的行为付出代价的时候了。

3. 性丑闻风暴来袭

丑闻中的蛛丝马迹

在美国，能够见到总统真人已经是值得炫耀的事情了，能够与总统握手更是非普通人有机会做到的。而莱温斯基作为一个普通的女子，不仅与总统深交，还发生了一段婚外情，这概率实在是少之又少。

与总统发生婚外情的莱温斯基，兴奋异常，不吐不快，将每一次与总统“鬼混”的细节都告诉了她的闺蜜，而不曾想到这个闺蜜很有心计，偷偷录了音，更糟糕的是，这个闺蜜还是个大嘴巴。

葆拉·琼斯性骚扰案的代理律师在搜集总统拈花惹草的证据，找到了莱温斯基，要求莱温斯基证明总统生活作风不好，有偷腥这一爱好，莱温斯基提交了书面证词，声称自己和总统不熟悉，同时她又想让自己的闺蜜帮着圆谎。她的这位闺蜜性格谨慎，不愿意冒伪证罪的危险，于是将她的录音带交了出来。至此，这件事捂不住了，司法部门开始涉入调查。

世上没有不透风的墙，与此同时，白宫内也有人发现了蛛丝马迹，其中，莱温斯基的直接上司就有所察觉。不过，他并没有得到实质性的证据，就借口将莱温斯基调职到国防部，远离总统。

这件事真正传遍世界，尤其是引起互联网的旋风风暴，是在事发十个月之后。第一个得知这个新闻的记者是《新闻周刊》的艾西科夫，他与莱温斯基的闺蜜在一个沙龙聚会中相识，两个人很投缘，聊得很投机，就是在一次不经意的聊天中，艾西科夫得知了这个新闻。出于记者对信息的敏感性，他觉得这会是一个大新闻，于是开始有意接近莱温斯基的闺蜜，从她口中套出了莱温斯基告诉她的所有的秘密。

捅破天的新闻稿

艾西科夫历时几个月的调查，采写了克林顿性丑闻案，这条大新闻算得上是他平生最大的一条新闻了。遗憾的是，这条新闻却像是一条狡猾的泥鳅，被他抓在手中，眼看就要成为囊中之物时，却在最后一秒钟溜走了。这个大新闻在见报前的几个小时，《新闻周刊》杂志高层认为，这条新闻涉及指控美国总统和年轻女士的非法关系，关系重大，而且新闻并不成熟，以需要继续加工为由，砍掉了这则新闻。艾西科夫很不高兴，但也无可奈何。艾西科夫认为，一条新闻一旦被阻拦，别人就有得到消息的可能，然后抢先行动。

果不其然，这条新闻被一个叫马特·德拉吉的年轻人得到了。马特·德拉吉一直渴望成为新闻记者，却总是不得志。有道是，上帝为你关上一扇门的时候，同时也会为你打开另一扇窗。这句话放在马特·德拉吉身上，再合适不过了。他没有得到记者的工作，却在哥伦比亚广播公司下属的礼品店找到了一份信息咨询的工作。后来，他得到了一台电脑，就在刚兴起的个人博客主页上，注册了一个以自己名字命名的博客——德拉吉报道。

于是，工作中，他能得到各种信息，工作之余，他又乐此不疲地从同事那里打听消息，然后将打听来的消息发布在自己的博客上，供其他人浏览。就是在这个工作中，他新闻生涯的高峰即将到来。

在1998年的1月17日晚上，没有人知道德拉吉的信息来自何方，他在自己的博客上写道：在最后一分钟，星期六（1月17日）晚上6点，《新闻周刊》枪杀了一个重大新闻。《新闻周刊》记者艾西科夫逮住了他平生最大的一条新闻，但就在即将见报之际，这条新闻被《新闻周刊》的高层扼杀了。

接着，他将克林顿性丑闻——时任总统的比尔·克林顿与白宫一名实习生有染的事件发在自己的博客上。当天深夜，德拉吉向他世界各地的近5万名邮件订户发送了一条“世界独家新闻——克林顿性丑闻事件”的邮件。

这则爆炸性新闻很快被媒体注意到，美国各大新闻机构开始跟进，越来越多的信息被披露。很快，就有媒体指出这名实习生就是莫妮卡·莱温斯基。

欺骗希拉里

这次发生的事情性质比以往任何一次都要严重，都要恶劣，这不仅直接影响到他们的婚姻，更是令克林顿的总统地位摇摇欲坠。而制造这一切的幕后推手，正是克林顿本人。在回忆这件事的时候，希拉里说：“关于这件事，当时我比任何人都要相信我的丈夫，因为他曾亲口对我说过，这件事不是真的，是政治对手在抹黑他。因为之前有过这样的事情出现，夸大其词地指责他，而最终这些事情都被证明是虚无的。”

克林顿与莱温斯基的事情被媒体报道后，克林顿第一时间否认事件的真实性，甚至否认与莱温斯基有任何的交集。希拉里曾经认真地问过克林顿，克林顿撒了谎。他对希拉里说，他只不过是想帮助这位女实习生，是对方会错了意。

希拉里相信了丈夫，在此后的7个月时间里，她一直对克林顿信任有加，甚至在媒体面前主动为他辩护，她说她的丈夫与莱温斯基只是单纯的同事关系，只是想帮助这位实习生，是莱温斯基产生了妄想症，是一个不折不扣的自恋疯子。同时，她暗示这只是政敌们想要对付克林顿而炮制出来的又一个恶毒新闻。希拉里的否认也曾让一些媒体信以为真，毕竟克林顿上任以来，关于他的花边绯闻实在是数不胜数，媒体都习以为常了。

但越来越多的证据表明，克林顿撒了谎，他与莱温斯基在工作中产生过交集，这一点有一同与莱温斯基在白宫实习的人作证。

面对证据，克林顿又有了第二种说法。他说莱温斯基总是来找他，总是缠着他，我绝对是无辜的，我并没有做什么，至多只是象征性地拥抱了她，这只是一种安慰，并不代表什么。

克林顿此一时彼一时的说法让希拉里十分不解，她认为不管在什么情况下，丈夫都应该对自己坦白，对自己说实话。面对希拉里的质问，克林顿说他仅仅是拥抱了莱温斯基，仅此而已，而且这是在莱温斯基强烈的要求之下，甚至是引诱。

自从说了第一个谎言之后，克林顿已经陷入了一个恶性循环之中，他必须不断地说谎去圆谎，他不知道莱温斯基还会拿出什么证据出来，也不知道下一个会是谁站出来指责克林顿在说谎。

实际上，在过去的一年半中，克林顿的助手们没有一个不认识莱温斯基的，这个女子甚至可以随意出入总统办公室。知道这些的希拉里很生气，她无法忍受丈夫的欺骗，最后，她搬离了白宫。

在接下来一年多的时间里，克林顿成为媒体嘲笑、炮轰的对象，并嘲笑克林顿：尊敬的总统先生，说谎时也像辩论赛一样文气滔滔，他在撒谎时所表现出的高深的修辞技巧留下了很深的后遗症，使很多美国人即使是在他讲真话时也怀疑他在撒谎。

面对媒体的步步紧逼，克林顿又做了一件愚蠢的事情，他在公开的场合以及宣誓作证的情况下，都斩钉截铁地宣称自己和莱温斯基没有发生性关系。

针对这一点，克林顿在与心腹下属聊天时说，“我只是接受服务的一方，因此不算有性关系”。

试图拯救克林顿

在媒体对克林顿狂轰滥炸的情况下，在克林顿独自一人苦苦支撑的情况下，希拉里经过一段时间的调整后，她毅然站出来，决定帮助自己的丈夫。她意识到，无论她怎么做，所有的美国人都会注意到她的一举一动，她承受的奇耻大辱将会成为人们茶余饭后的谈资，而她未来选择的道路将会受到万众瞩目。

“那段时间真是痛苦不堪，我开始明白，从政的女人脸皮应该比犀牛皮厚才行。”希拉里说。

当然，她最想知道的还是克林顿究竟是否同莱温斯基发生过性关系。她考虑到，如果自己亲自去问克林顿，可能无法得到真正的答案，而且还会让克林顿难堪。于是她给自己的助手西德尼・布鲁门打了电话，让他去与克林顿交谈。

在这次交谈中，克林顿说莱温斯基确实暗示过发生性关系的要求，不过被他拒绝了，而且他们从未单独相处过，附近一直站着特勤组。

这些话传到希拉里的耳朵里，让她难过极了。她能够从心底深处理解自己的丈夫，毕竟克林顿从小父母离异，不幸的童年造成了他内心深处的恐惧。

此时也有一个好消息传来，那就是莱温斯基写了一份宣誓书，在宣誓书上，莱温斯基表示她与总统并没有发生任何性关系，两人只是普通的同事关系。

至于克林顿用了什么方法，让莱温斯基写了一份宣誓书，或者莱温斯基为什么会写这样一份宣誓书，是受到了威胁还是为了保全总统的形象，这就不得而知了。

4. 弹劾时刻上紧发条

性丑闻调查

事情并没有因为莱温斯基的宣誓书而划上句号。1998年1月29日，当时负责“白水门事件”的独立检察官肯尼思·斯塔尔要求将莱温斯基立案审查，这表明他正式介入克林顿性丑闻调查。他决定抓住莱温斯基这条线索，向克林顿发起全面进攻。

第二天上午，联邦调查局找到将事情捅出来的莱温斯基的闺蜜，在她身上安装了窃听器，并利用她将莱温斯基约出来。她们在一个酒吧里见了面，一见面，莱温斯基就责备她的闺蜜口无遮拦，同时指责她背着自己偷偷地录音，出卖了自己。

在得到准确的信息后，联邦调查局的特工们将莱温斯基带到了楼上的一间房子里，向她施压，说服她出庭作证。

最后，莱温斯基不得不屈从，她表示如果不追究她作伪证的法律责任，她愿意出庭证明自己和克林顿确实发生过性关系一事。肯尼思·斯塔尔同意了她的条件。

这次性丑闻案是非常严重的，远远超过之前的“白水门事件”，如果克林顿被证实与莱温斯基的性丑闻，他至少要承担三项重罪——编造证据，教唆他人作伪证，妨碍司法公正。如果罪名成立，他立即会受到国会的弹劾，并极有可能因此下台，成为美国历史上继约翰逊总统、尼克松总统之后的第三位被弹劾的总统，第一位因为性丑闻而被弹劾下台的总统。

1998年8月6日，莱温斯基在陪审团面前作证，陈述了案情。与此同时，她拿出了一份重要的证据——那件蓝色的裙子，上面留下了总统的精液。

由于葆拉·琼斯的先例，克林顿在第一时间使用了赦免权，避免他在法庭上面对莱温斯基。

然而，这一次由于案情重大，克林顿无法逃避了，法庭要求克林顿必须在8月17日出庭作证。

在当天的庭审中，克林顿用巧妙的语言技巧向肯尼思·斯塔尔等人还击，并一一揭穿他们的政治阴谋，同时他恰如其分地将葆拉·琼斯的案子牵出来，指出这是“政敌对我下的一个圈套，而不幸的是我一不留神踩在套子边上。”这一说法被肯尼思·斯塔尔驳斥，接下来他们用大量的时间去争论性行为到底是什么，克林顿一再强调他只是接受服务的一方，这并不算发生性关系。

庭审结束后，克林顿向全国发表电视讲话，承认与莱温斯基有不正当关系。

开展弹劾调查

1998年9月9日，在对克林顿与莱温斯基的性丑闻进行大半年的调查后，肯尼思·斯塔尔向国会递交了一份长达445页的调查报告。这份报告与其他有关附件，一式两份，用了36个纸箱子，由两辆小面包车运抵国会。

根据程序，调查报告将先由国会众议院司法委员会审阅，就此举行听证会，并投票决定是否启动弹劾程序。如果该委员会通过启动弹劾程序，并获得整个众议院的认可，弹劾案就将提交参议院进行最后审理。但是，要弹劾总统下台，必须有三分之二以上的参议员投票赞成。

很快，众议院批准对克林顿展开正式弹劾调查。

得知消息后，克林顿立刻召集内阁成员为他出谋划策。首先，他承认自己曾经对他们撒了谎，他说他会用未来全部的时间来弥补错误。令克林顿感到欣慰的是，内阁成员中的大部分都选择支持克林顿。

1998年9月11日，美国众议院公布肯尼思·斯塔尔的调查报告。整个国家都震惊了，数以万计的美国人，包括克林顿的女儿切尔西，在电视上、新闻报纸上、网络上都看到了这份报告。报告用一种近乎苛刻的语气介绍克林顿与莱温斯基之间的关系，并附加了大量的漫画，将克林顿描绘成一个沉迷美色的色情狂。当时的克林顿，颜面扫地，变成了一个彻头彻尾的过街老鼠。

离婚不是唯一选择

希拉里可是一个不甘心站在丈夫身后的第一夫人，在克林顿当选总统后，她的身影频繁地出现于美国各大媒体。为克林顿塑造公众形象的时候，她也会自己打造出耀眼的形象。

然而，克林顿的性丑闻事件几乎将她的努力化为泡影。一时之间，希拉里成为几十亿人的笑柄，她塑造的严于律己的女强人的尊严也被践踏得一丝不剩。

聪明的希拉里明白所有人都在关注着她，关注着她下一步该怎么走。

2003年，希拉里亲笔撰写的回忆录《亲历历史》出版，其中最引人注目的内容自然是她对于克林顿与莱温斯基性丑闻的反应。希拉里在她的回忆录中写道："我一生中最难的抉择是（在莱温斯基事件后）选择继续当克林顿的妻子和竞选纽约州参议员。"

"整个华盛顿就只谈论着这件事，我感觉在全国也一样。每个人都想知道她在想些什么，希拉里的真实想法是什么。"希拉里说道。

希拉里也很沮丧，她不知道该如何处理这件事。

此时，希拉里的母亲多萝西给了她很重要的帮助。她认真地告诉希拉里：除非万不得已，否则不要离婚。

希拉里想到母亲多萝西的经历。多萝西8岁时就被亲生父母抛弃了，童年时代没有一个真正意义上的家，所以完整的家庭的意义对多萝西来说意义重大。尽管她后来嫁给了一个性格暴躁的丈夫，也就是休·罗德姆，但多萝西还是强迫自己尽量跟丈夫和睦相处。

在克林顿与莱温斯基的性丑闻被炒得沸沸扬扬时，希拉里问过自己的母亲，为什么当初没有考虑过与丈夫离婚？她的母亲说了一句很重要的话："维持家庭的完整性要比独立追求个人梦想或逃避丈夫的凌辱更重要，虽然我不得不眼睁睁看着你们受到苛刻的对待。这就是我如此逆来顺受的原因。"

同时，真相大白的那天，切尔西过得很不愉快，她出现了从未有过的沉默和冷淡，大部分时间都在发呆，一言不发。很显然，她对自己的父亲十分失望。

希拉里没有选择离婚，不仅因为克林顿的政治前途，更多是因为女儿切尔西，她要给女儿一个完整的家庭。

"我曾不断地问自己，为什么莱温斯基事件后，我还和克林顿在一起？我只能说，是对克林顿数十年的爱、对女儿的抚育、对父母的赡养、拥有共同的朋友和信仰等，使我们没有分开……事实上，我一直爱着克林顿，在我心中，克林顿一直都是最风趣、最有激情、最充满活力的人。当一切慢慢恢复平静后，我们决定，用我们的信任、爱情和共同的回忆重建婚姻。我真心希望克林顿和我能白头偕老。"希拉里在自传中这样写道。

很快，希拉里宣布，她会支持自己的丈夫，帮助丈夫走出低谷。

希拉里的选择让很多人大呼惊讶，一直以强硬形象示人的希拉里居然能够容得下丈夫有如此行径。

共同面对弹劾

1998年12月19日，众议院以"作伪证"和"妨碍司法"为由弹劾克林顿。

在此之前，希拉里毅然站出来挡在丈夫面前，决定帮助克林顿渡过危机。

一开始，克林顿计划借宪法修正案的第五条逃避出庭作证，第五条的内容是“除非根据大陪审团的报告或起诉书，任何人不受死罪或其他重罪的刑事审判，但发生在陆、海军中或发生战时或出现公共危险时服役的民兵中的案件除外。任何人不得因同一犯罪行为而两次遭受生命或身体的危害；不得在任何刑事案件中被迫自证其罪；非经正当法律程序，不得被剥夺生命、自由或财产。非经公平补偿，私有财产不得充作公用。”

在葆拉·琼斯案中，克林顿曾经有过出庭的经历，完全符合这一条例的规定。

但是希拉里则否定了这种方式，理由是：逃避是无法解决问题的，犯了错误就要勇敢承认，承认错误比逃避错误更容易得到人的原谅。同时，克林顿可以借出庭作证的机会，将真相全部都告诉陪审团，也告诉所有的美国人民。只有这样，克林顿才有机会得到民众的原谅，从而渡过这次危机。

另外，希拉里还要为克林顿的弹劾案辩论，她亲力亲为，将克林顿将会用到的证词字字斟酌，不放过任何一个可能反驳的字句。最终，她的努力没有白费，她完成了一份完美到无懈可击的证词。

这一段时间，希拉里承受的压力丝毫不亚于克林顿。作为一个妻子，一个母亲，希拉里在这次实践中身心都受到了巨大的伤害。试想，丈夫出轨一般都是私下里进行。即便事情暴露，也只是小范围的。就算影响再大，无非就是本地区之内，而希拉里，却是当着全世界的人丢脸。

她所做的一切，克林顿都看在眼里，记在心上，除了万分悔恨，还有对希拉里的感激。

很快，克林顿在公众面前因为性丑闻公开致歉，希拉里选择站在他的身旁，做他坚强的后盾。

1999年1月7日，克林顿弹劾案进入参议院表决程序。2月12日，参议院在对克林顿弹劾案的最终表决中，以45票赞成对55票反对否决了对克林顿的第一项弹劾条款，即指控他在绯闻案中“作伪证”。以50票赞成对50票反对否决了他“妨碍司法”的第二项弹劾条款。两项表决都没有达到宪法规定的对克林顿定罪和免职的票数。至此，参议院审理克林顿弹劾案宣告结束。

而这一切，都离不开希拉里的默默支持。

第十章
从男人背后走出来

克林顿与莱温斯基性丑闻案之后，希拉里决定从克林顿的背后走出来，她要凭借自己的实力在美国的政治界闯出一片天。这个家喻户晓的女子，凭借雄厚的财源和庞大的组织系统，以机器般的坚定意志和缜密运作，在她人生最重要的这一战中，奋力冲向权力的巅峰。

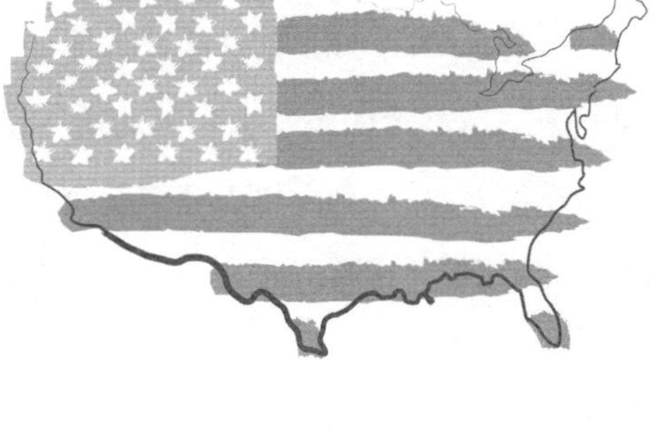

1. 做真实的希拉里

从男人背后走出来

希拉里是一位很特殊的政治人物，没有参选过任何的公职，却一直在政坛活动；一直贴着克林顿的标签，但知名度却高过克林顿；没有任何政府职衔，却代表美国出访世界各地。同时，她又是一位极具争议性的公众人物，与麦当娜、雪儿一样成为家喻户晓的名人。

“第一夫人这个身份并不是我毕生奋斗的目标，我更喜欢拥有自己的事业。当然，第一夫人的光环为我带来了许多好处，这让我声名远扬。”希拉里说。

克林顿与莱温斯基的性丑闻过后，人们提到希拉里时已不再需要讲出她的姓氏。她在这件事中的表现令一部分美国妇女对她充满同情和钦佩，而另一部分美国人则对她感到厌恶甚至鄙视。

这件事后，希拉里认真地考虑了纽约民主党主席朱迪斯·霍普的建议——竞选国会议员。在1997年的白宫圣诞晚宴上，朱迪斯·霍普认真地对她说：“很多人都觉得你们从白宫搬走后，你可以去竞选国会参议员。”当时的希拉里只是哈哈大笑，她觉得朱迪斯·霍普只是在恭维她。她的想法是在克林顿卸任后回到阿肯色州定居，安享未来的日子。

此时，她的想法却发生了转变，她不希望被困在丈夫带来的各种流言中，也不希望继续贴着克林顿的标签。如果类似的性丑闻事件再次发生在他们身上，对她仕途的影响是不可估量的。

在准备步入仕途之前，希拉里在与克林顿还有一些忠诚的幕僚经过讨论后，决定走一条与众不同的仕途之路——将纽约参议员作为跳板，继而问鼎白宫。

矛盾的测验结果

圣诞节过后，希拉里邀请克林顿的核心幕僚为她做一次民意测验，对她的受欢迎程度进行调查。测验的结果显示，希拉里是美国人最钦佩的女性之一，排在第二位的则是著名的脱口秀节目的主持人奥普拉·温弗瑞。这个结果令希拉里喜忧参半，喜的是她很高兴自己能获得民众的欢迎，忧的是这个受欢迎的基础是建立在美国第一夫人的基础上的，尤其是在克林顿弹劾案中，希拉里成为一个受到不公平待遇但表现坚强的妻子，这是她受欢迎的基础。不过作为一名政客，她首先想到的是该报告能给她带来的价值。

在参考这个民意测验的基础上，希拉里正式决定竞选纽约州参议员席位。她要找回自我，凭借着自己一流的领导能力和对政治规则的彻底参透，她迈出了第一步。

当希拉里正式宣布要竞选纽约州参议员席位时，支持声和批评声不绝于耳，而且明显是批评声大过支持声。支持者的范围局限于女性，她们将她奉为美国新一代女性的榜样，她们崇拜她，支持她。而批评声则比较尖锐，称她永远不可能获得胜利。在纽约人眼里，希拉里曾经被认为是冷若冰霜的女人，并认为她不过是个权力欲高度膨胀的外乡人，企图利用参议员竞选作为攀上更高位置的跳板。而《纽约时报》更是牙尖嘴利，直接批评她：具有把竞争对手视为仇敌的可鄙倾向。

与此同时，希拉里的竞争对手也逐渐明朗，纽约前州长朱利安尼，要知道，他可是出名的伶牙俐齿，出语尖刻。

说到这里，先来介绍一下纽约和纽约人。纽约地处北美洲大陆东岸，是美国第一大城市，世界级的金融中心。在数百年来，来自上百个国家和地区的移民不断融入进来，构成了这个多种族聚居的“大熔炉”城市。

在纽约有一句口头禅：纽约是纽约人的纽约。这道出了纽约人强烈的自豪感。因此，对于纽约人来说，他们有一种强烈的荣誉感和优越感。出于对纽约的爱，纽约人不允许有人去损害纽约的标签。种种原因综合下来，纽约人有着多重矛盾的性格：冷漠、包容、挑剔。

还记得希拉里因为失去理智而得罪乡村歌手塔米·温妮特吗？当年，希拉里与克林顿应邀参加哥伦比亚广播公司的节目，因为口不择言得罪了塔米·温妮特，最后被迫道歉。

当时，这是美国民众第一次在节目中看到未来的第一夫人希拉里，那时的她坐在克林顿的身边，却有着非凡的气质，一直在为妇女和儿童的权益奋斗着。她冷静、直率而又稍显冷淡，那次的电视访问显然是错误的，是无法让美国人全面了解她的。在帮助克林顿走出丑闻、顺利当选总统后，人们才真正认识了她。

这一次，在正式宣布竞选参议员之后，她又走进了这个节目。显然，这一次她做了充足的准备，以最完美的方式让美国民众了解了她。在这里，她让人看到的不再是站在男人身边的希拉里，而是一位女性楷模，一位英雄。但同样有人认为她虚伪造作，胆小怕事。

犯错误不可怕

克林顿从步入政坛以来，就一直在犯各种各样的错误。在这点上，准备踏入政坛的希拉里似乎被克林顿传染了——她也在不断地犯错误。

1999年6月，克林顿在白宫迎接世界棒球冠军队纽约洋基队。美国是世界上体育产业最发达的国家，美国人将体育看成是美国人的图腾，如此高的关注度，也让美国历届总统与体育产生了很多的联系。每一年，美国四大体育联盟的冠军和全国大学体育协会的重大赛事冠军都会例行拜访白宫，得到总统接见，这成为一种传统。而与此同时，为了树立亲民、正面的政治形象，美国总统们也会想尽办法与体育赛事及冠军球队扯上关系。恰恰因为这样，希拉里闹了大笑话。

当时，希拉里的主要竞争对手朱利安尼，为了拉选票，在竞选中一直声称自己是洋基队的铁杆球迷。希拉里一直想找机会与洋基队扯上关系，这一次白宫接见的活动，可是一次绝佳的机会。当队长狄马乔将他们球队的球帽送给希拉里时，希拉里马上就将其戴在头上，并高兴地声称自己是洋基队的忠实球迷，很高兴得到球队的球帽。而事实上，希拉里曾在公开场合不止一次声称自己是小熊队的狂热球迷。这一举动很快遭到了许多媒体，尤其是各种街头小报的嘲笑。要知道，纽约人对洋基队的感情是很纯粹，甚至是挑剔的。简单地说，如果你想和纽约人交朋友，你就告诉他，你是洋基队的铁杆球迷，这一个条件就足够了。

希拉里的举动惹怒了很多纽约人，他们认为希拉里只是纽约的“过客”，之前一直在阿肯色州生活，当了第一夫人后在华盛顿生活，怎么可能对纽约的球队有感情？

幸好，这只是一个小插曲——希拉里的心思太明显，没有人会相信她这一套。

对这个曾经犯下的小错误，希拉里说：“我要向前走就不能怕摔跤，人生重要的不是在哪里摔跤，而是如何避免在同一地点再次摔跤。人类总是在不断犯错误和不断纠正错误中前进的。”

大乌龙事件

可没过多久，更大的乌龙事件就发生了。

1999年11月，希拉里以第一夫人的身份访问中东。期间，她和巴勒斯坦的第一夫人苏哈一起参与了一个活动。苏哈是阿拉法特的夫人。在活动中，苏哈受到了阿拉法特的指示，指责以色列使用毒气攻击巴勒斯坦人。当苏哈结束演讲下台时，希拉里走上前拥抱了苏哈并轻吻她的面颊。这一举动令美国的犹太人震怒，随即引起轩然大波，这被认为是认同了苏哈煽动性的指控。

要知道，得罪了犹太人，无异于得罪了美国的主流媒体。关于犹太人在美国的地位，有这么一句话："控制世界的是美国，而控制美国的则是犹太人。"

错误已经铸成，希拉里必须要敢于面对，承认自己的错误。她公开解释了自己的行为。她声称当时苏哈用的是阿拉伯语，她并没有听懂苏哈的真正意义，拥抱并亲吻她的面颊，只是出于礼节，仅此而已。

幸运的是，克林顿的竞选团队成功地帮希拉里平息了这次争论。而希拉里则只能尽量忽略，继续前行。

这给了希拉里一个深刻的教训，她开始意识到，她的政治活动一定要打上自己的印记，否则只会成为竞争对手的笑柄。

2. 为自己未来而战

启用“巴士策略”

结合当时的局势，希拉里认真地考虑了自己的优势和劣势，最终，她决定再度启用“巴士策略”——坐着一辆福特商务车奔波于纽约各地，拜访大多数的妇女团体。

对纽约人来说，能够亲眼见到第一夫人的风采，无疑是最大的惊喜，尽管先前纽约人对她颇有意见。所到之处，希拉里总是微笑着询问着选民们遇到的困难，并认真回答选民们的问题。在这个过程中，经常会有各种突如其来的情况，比如有一次一个围观的人指责希拉里，说曾经看到她素面朝天，与当前的精致优雅的形象一点也不相符。言下之意，批评希拉里表里不一。希拉里则回答说：“我对于自己现在的状态感到很放松，如果别人要为此而操心，随他去吧！我想戴眼镜就戴，我想怎么梳头就怎么梳。从某种意义上来说，这种事情不值得花太多的时间和精力。”希拉里机智的回答让她拥有了更多的支持者，因为这安慰了那些忙于工作而疏于打扮的女人。

在这个过程中，希拉里逐渐学会了如何在选民面前保持放松、自然。这样做很有效果，很多选民都没有料到，真正的希拉里是这样的低调、随和。甚至有人说，希拉里像是他们中的一员。这无疑是对希拉里最好的褒奖，因为对一个大部分生活轨迹都远离纽约的地方的女性而言，得到这样的认可并不容易。

在一年多的时间里，希拉里走遍了纽约州的62个郡，广泛同选民接触，从而在一定程度上改变了“过客”的形象，逐渐得到了纽约选民对她这份“过客”的认同。纽约人冷漠、挑剔的性格逐渐被包容填满，可以说，是希拉里让组约人收起了挑剔、冷漠，流露出包容的一面。

在与竞争对手辩论的过程中，希拉里逐渐找到了媒体的关注点，她总是能达到一语惊人的效果，让自己频频出现在媒体的头版头条，与此同时，也减少了自己的负面新闻。另外，她的律师出身，让她懂得如何与人沟通，再加上口才好、反应快，往往令对手毫无招架之力。

一个努力的人，运气不会太差，希拉里也是如此。她的主要竞争对手朱利安尼在进行例行体检时，被医生诊断出患有早期前列腺癌，为了安心治病，他宣布退出纽约参议员竞选。

2000年，在医生为朱利安尼进行例行体检时，发现他患有早期前列腺癌，导致他退出当年的纽约参议员竞选。更为搞笑的是，这次诊断后来被宣布为误诊。

朱利安尼宣布退出纽约州参议员的席位竞选不到24小时，来自长岛的另一位共和党议员拉齐奥宣布接替朱利安尼。

拉齐奥与朱利安尼之前已经有过交替，是朱利安尼接替拉齐奥。拉齐奥是共和党中的亲克林顿派，9个月前，他因为名声不佳被迫退出竞选，让路给朱利安尼，如今朱利安尼退出竞选，他又重新出山。

拉齐奥在纽约州共和党人眼中是政坛的明日之星，但他缺乏朱利安尼的知名度，这无形中增加了希拉里的胜算。

希拉里还有一个重要的武器——丈夫克林顿，美国总统。克林顿也抽空前往纽约为妻子拉票，这无形中再次增加了希拉里的胜算。

决战前的恶斗

希拉里经过努力，终于让纽约人接受了她。在接下来的两项民意调查显示，纽约人的态度来了个180度的大转弯——她的支持率已经超过50%。

从一开始就犀利批评希拉里的《纽约时报》也对希拉里产生了好感，并刊文为希拉里做软广告，声称希拉里是接班退休的民主党参议员丹尼尔空缺的最得力人选。

希拉里经过锤炼，也愈发成熟与稳重，在面无表情的贴身特工的保护下，她与人们热烈握手，感谢他们的支持。此时人们仿佛在她身上看到了类似她丈夫的那股磁性般的吸引力。希拉里在民调中已经保持了一直领先的优势，现在连克林顿最疯狂的反对者都承认，希拉里有望成为有史以来首位获得竞选公职的第一夫人。

相比较，拉齐奥则看起来越来越缺乏自信。他的很多举动都被认为是欠缺考虑，比如，有一次他居然冒着大雨上华尔街附近拉选票，结果可想而知，只吸引到稀稀拉拉的听众，其中大半人还听得心不在焉。

种种迹象表明，希拉里有如天助，胜局已定，可事实却并非如此。随着竞选进入了决定性阶段，希拉里与拉齐奥的最后一搏尤其激烈，充满着诸多的不可预判性。

拉齐奥打出的最后一张牌是希拉里曾经亲自参与的医疗改革计划，以此对她发起全面攻击。很快，他造访纽约的各家医院和医疗机构，使用电话、邮件和电视广告大力“轰炸”希拉里的致命弱点。不可否认，在许多人眼中，失败的医疗计划是她背负的最大政治债务。

同时，拉齐奥为了讨好各类选民，在公开场合大吃特吃犹太比萨饼、与韩国移民一起游行、参加爱尔兰人的活动。而希拉里则针锋相对，前往黑人的教堂高唱教歌、在波兰人的节日上大跳土风舞、去给波多黎各人的节日庆典捧场，争取拉拢更多的选票。

而克林顿则再次出马，这一次他的方法更前卫——充当啦啦队队长，为希拉里站脚助威。

2000年11月，希拉里当选为国会参议员，成为有史以来第一位赢得公职的第一夫人，纽约州第一位女性参议员。

告别白宫

1998年，克林顿在连任两届美国总统之后，正式离任。在美国权力的最中心生活了8年的克林顿夫妇，将正式告别白宫。

谈及离开前的日子，希拉里印象很深。

“最后一夜，我和克林顿久久难以入眠。在这个生活了8年的地方，发生了很多的事情，高兴的、悲伤的，历历在目。复杂的情愫让我们难以入眠，我们不断地进出白宫的每个房间，享受最后的荣耀。”希拉里说道。

克林顿在参加权力交接仪式之后，乘坐空军一号专机正式离开白宫——开启他们新的生活。

克林顿卸任后，忙着建设他的图书馆和克林顿基金会，还有更重要的事，就是支持妻子希拉里。此时的希拉里，已经是美国参议院的一员。

在离开白宫时，希拉里暗下决心，终有一日会再度回到这里。在克林顿卸任和希拉里当议员期间，他们愉快地享受生活：打高尔夫球、读书、去世界各地旅行。

参议员生涯

克林顿卸任后，第一夫人的头衔也将不复存在。取而代之的是参议员。当希拉里走马上任的时候，她的很多对手与朋友都预测这位前第一夫人很难摆正自己参议员的位置，毕竟第一夫人时期的锋芒毕露已经是活生生的现实。

可他们再次低估了希拉里。此时，53岁的希拉里像是能伸能屈的弹簧一样，已经从第一夫人的拉伸转变为屈着的参议员——树立一个新形象，即她不再是第一夫人，而只是一名资历尚浅的参议员。

在谈及这件事情的时候，希拉里说："我的目标很实际，我为能完成这些目标而满足，如设法促成一项保护果农的法案、提出各种修正案、为我关心的问题争取同事的支持等。"

和所有的新参议员一样，她的工作日程平淡无奇。每天，她都要根据日程表安排自己的工作内容，比如，参加参议院的会议、和选民拍照，参加一些记者招待会、听证会以及就全球变暖、酸雨和移民问题举行的新闻发布会等。此外还要关心选区内的日常问题，如改建港口、法院的更名等等。

希拉里是一个不甘落后的人，而在复杂的政治活动中，要想取得进步，除了自己足够强大之外，还需要向其他人及对手学习并做好笔记，这方面希拉里做得几近完美。

"我只想脚踏实地地工作而不想好高骛远。"希拉里说道。

在希拉里的整个参议员生涯，她的考勤记录良好。她所参加的表决，大部分是关于如何发展纽约经济的。

周末的时候，她会选择和家人共享天伦之乐。虽然前第一夫人的光环仍然笼罩着她，丑闻也一直在困扰着她，还有传闻说她有可能竞选总统。但是，希拉里正在以她的实际行动告诉人们：她现在是一名参议员。

3. 第一次向总统发起冲击

宣布竞选总统

公元前47年，古罗马恺撒大帝在小亚细亚吉拉城大获全胜时，豪情万丈地说："我来了，我看见了，我征服了！"大帝惜字如金，却是铿锵有力、掷地有声的最强音。

2008年的1月20日，这天是星期六，是法定的休息日，在这样一个通常新闻传播比较慢的一天，希拉里在沉寂了8年之后再次出现在人们的视野中。她宣布加入总统竞选的方式比较特殊，是通过精心设计的网络方式进行的。她在网站上发表声明，以一句"我来了，我要赢"的口号，发出了要成为美国历史上第一位女总统的誓言。

与此同时，数千封电子邮件发到记者和朋友的邮件里。她的个人网站的网页背景色为红白蓝三种国旗上的颜色。在一张图片上，希拉里坐在沙发上，表情轻松，略带微笑。点击该图片，就会看到长为1分42秒的视频。在视频里，希拉里解释了自己为何要参选。

克林顿卸任之后，希拉里的关注度也相应地降了下来。在一段时间内，相比于以前一直处于风口浪尖的生活，她很享受平静、安逸的生活。然而，她体内的不安定的政治因素慢慢地骚动起来，她喜欢上了政治，她要重新投入到政治的生活中。

在视频中，希拉里说，她衷心希望美国民众能够支持她，加入她的竞选阵营。同时，她邀请美国民众在未来几天中在互联网上与她交谈，她将亲自回答民众提出的问题。

希拉里说，作为参议员，她将在未来两年内竭尽全力去限制时任总统的小布什对美国可能造成的损害，但这一切需要一位新总统才能完全消除小布什所犯的错误，恢复美国人民的希望和乐观主义，恢复美国在世界上受人尊敬的领导者地位。

在那个慵懒闲散的星期六，所有人的目光都被希拉里竞选总统的新闻吸引了。媒体争先恐后地报道这一大新闻，一时之间，曾经的第一夫人希拉里竞选总统的新闻传遍世界。

在宣布参选后不久，她就接到了电视台的采访要求，这正合她的心思。随即，她不断地接受各种电视采访，主要的新闻节目上都出现了她的影子。同时，她开始了连续三天的在线视频聊天，每天下午7点，她都要回答由助理从数万网民的数万条问题中挑选出的一些问题。

连续几天的“作战”，希拉里开始出现疲态，嗓子也有些沙哑，但她依然乐此不疲地回答各种问题。

截然不同的态度

在希拉里的竞选声明中，她抨击小布什，认为小布什在处理伊拉克问题的政策和增兵计划方面是极其错误的。同时她公开批评小布什应该在离任前撤出驻伊拉克美军，将伊战的烂摊子留给下一任总统处理，属于极度不负责的行为。

这一内容立即引起了很高的关注。联想到2002年时，希拉里支持对伊战争，在投票中果断地投支持票，授权对伊战争，而此时却批评对伊战，有媒体批评希拉里表里不一、“将统一战线的战友推下火坑”。

关于这一点，不断有记者和选民追问她是不是认为自己2002年的投票是个“错误”，她拒绝回答“是”，而是称自己的投票“对所有的美国人而言是一个糟糕的决定”，“所有的参议员都犯了错误”。

“事实上，我曾经担心自己出尔反尔会给选民们留下不好的印象，我并不想做一些让别人以为我不够坚强或口是心非的事情。”希拉里话题一转，“然而，民众在缺乏安全感时，他们宁愿选择一个坚强而犯错误的人，也不愿选择以为软弱而正确的人。要知道坚强则是领导者的重要品质。”希拉里说道。

明显看出，希拉里认为所有人都犯了错。

全面做出改变

这一次竞选总统，希拉里俨然做足了准备，她从各个方面都做了改变，很明显，她要改变过往第一夫人的形象。

首先，希拉里改变了以往竞选总统的策略，首次实行网络选举，这是希拉里在为自己竞选下一任美国总统做标新立异的做法。之所以使用这个办法，原因之一是YouTube网站的横空出世。这家视频分享网站成立于2005年2月，迅速在美国走红，受到民众的追捧。另外，通过网络发布竞选消息成本并不高，而传统的传媒和广告的方式成本较高，且时间不长。

更重要的是，希拉里想通过这种方式，树立自己标新立异的标签，步入年轻人的节奏，提高自己在青年一代当中的形象。

其次，祭出亲情牌，以女儿为王牌，改善冷峻严肃的形象。在宣布竞选美国总统后，希拉里打起了女儿牌，要塑造可亲的母亲形象，争取女性选民的支持。

当时，切尔西已经26岁，供职于华尔街一家基金公司。希拉里及她的竞选班子将她作为竞选利器，认为有这样一位优秀的女儿为自己站台助选，一定能够展现希拉里教子有方的成功母亲形象。果然，切尔西很快就在希拉里的竞选活动中抛头露面，同希拉里一同登场，并肩战斗。

有个很有意思的现象，希拉里和克林顿对政治都有很深的情节，可他们唯一的女儿切尔西却没有走上从政的道路。要知道，作为一名在白宫长大的女孩，她可是经历了很多大风大浪，包括她父亲与莱温斯基的性丑闻，可恰恰就是这种大风大浪，让切尔西对政治看得很透，也让她远离政治。

还有一个比较有意思的事情，是希拉里与克林顿签署了“忠诚”协议。克林顿在拈花惹草这方面可不含糊。为了防范竞选总统时以及成功当上总统后，克林顿又“后院起火”，“蓝杏出墙”闹出什么性丑闻，给她带来政治灾难，希拉里和克林顿立下了一份“夫妻协议”，其中规定在希拉里成为总统前后，克林顿应该做什么，不应该做什么。克林顿在协议中宣誓对希拉里忠诚，如果再偷情，除了将赔偿妻子数百万美元外，还必须公开向妻子道歉，并自动搬出家门接受离婚。

据说，这事还有下文，尽管希拉里和克林顿订下了这份苛刻的“夫妻协议”，但克林顿却为妻子能彻底原谅他以前的行为，又给他一次机会而感到高兴。为此，他还给妻子买了一枚新的钻戒。

还有一个重要的改变，就是形象上的改变，希拉里接受了国际著名时尚品牌范思哲设计师多纳特拉·韦尔萨切的建议，开始展示她作为女性特有的柔媚，以更好地提升形象。

培养强劲的对手

2003年9月份，希拉里在耶鲁法学院时的校友格雷格接到希拉里好友香农的电话。在克林顿任总统时，香农被视为最了解华盛顿政治内幕的人之一，他曾在很多公司任职，后来在纽约设了一间办公室。这一次他打电话给格雷格的目的，是邀请政坛好友帮助当时并不为人所知的伊利诺伊州参议员奥巴马筹款。当时的奥巴马42岁，正寻求获得伊利诺伊州联邦参议员的民主党候选人的位子。

算起来，奥巴马和希拉里还是老乡呢。

格雷格回忆第一次与奥巴马见面时的场景："我当时并不知道奥巴马是谁，可当他出现在我的面前时，我觉得他是如此的与众不同。"

奥巴马出生于檀香山，父亲是位肯尼亚人，母亲来自堪萨斯州。他本人则毕业于哈佛法学院，曾当选为《哈佛法律评论》的主席，要知道，他是那份刊物成立104年以来的第一位黑人主席。单单这一点，就足以让他与众不同。

格雷格算得上是克林顿和希拉里的老相识，他们认识已有三四十年。最早的时候，当希拉里和克林顿在耶鲁法学院时，所租住的房子的主人就是格雷格。格雷格毕业于哈佛大学，后来成为华盛顿最有名也是最值钱的律师，曾在国会弹劾克林顿案中担任克林顿总统的首席辩护律师。1998年的时候，他答应加入克林顿总统的律师团，希拉里甚至将自己在白宫西翼办公室套间内的一间办公室让给了他。

在格雷格的帮助下，奥巴马赢得了当年的民主党候选人提名，并成功当选。在演讲中，格雷格发现奥巴马的人格与演讲有着不可抗拒的魅力。

他说："那天，他的发言既没有愤怒，也不显得软弱，而是显得强劲有力，这在美国政治中是独一无二的。我突然觉得，未来的奥巴马，在政治中将会大有作为。"

凭借着对政治的敏感性，格雷格决定脱离希拉里和克林顿，站在奥巴马的阵营中。而希拉里在准备竞选总统时，可能从来没有想到过她的这位老相识不仅会离她而去，还会培养出一个强大的对手。

无法扭转的环境

美国同样很推崇金钱，他们同样认为"有钱能使鬼推磨"，在这种思想的影响下，美国就出现了一个很特殊的行业——游说，全世界只有美国有。游说渗透到美国的方方面面，奥斯卡奖评选、竞选议员，甚至是法案的通过，都有游说者参与。不仅如此，还有详细的法律规定，而且量化、细化到你根本想不到的地方，甚至百年不遇的小概率游说事件也有明确的条款规定，也就是说你作弊的机会很小。

在美国的政治界，游说同样具有很大的市场。美国国会是立法机构，议员的表态和投票权举足轻重，这就使议员们成为游说的对象。许多的礼仪团队、政治团体不惜一掷千金来“游说”，而杰克·阿布拉莫夫就是其中的佼佼者，他被称为“游说业教父”、“游说大鳄”、“超级说客”。

前面提到，在“游说”环节中作弊的机会很小，但不代表没有，杰克·阿布拉莫夫就成功地实现了作弊。只是很不幸，他被发现了。2006年2月，杰克·阿布拉莫夫被发现合谋欺诈、逃税和阴谋贿赂政府官员等，一时间他成为华盛顿腐败大案的中心人物，舆论哗然。

在这种局面下，美国的政治界，尤其是华盛顿特区开始自我反省，并开始尝试改革政治人物的作风。

此时，奥巴马干净的政治背景进入政客们的法眼。要知道，奥巴马刚到华盛顿，资历和阅历尚浅，在以往这是不利的条件，此时却变得对他极为有利。在华盛顿这个政治大染缸待的时间越久，就越可能染上参议院的那些恶习。在参议院，每个成员都会每隔几天就要投出艰难的一票，而这些票事后都会成为争论的话题。

在格雷格的帮助下，2006年的圣诞节过后不久，奥巴马正式宣布参选。在这个时期内，资历尚浅的奥巴马根本不入希拉里及她的团队的法眼。在听到这个消息时，希拉里的一个团队成员厉声说道：“奥巴马这人真是愚蠢可笑，一只还没有学会暴怒的猴子就妄图当王，简直是太可笑了。”

不光是团队成员，甚至希拉里本人也没有将奥巴马放在眼里。她的总统竞选之路到目前为止一直都走得很顺畅，她最担心的筹款也变得相当轻松，钱滚滚而来。至于奥巴马，属于他的时代还没有到来，现在是希拉里的时间，她感觉自己与白宫的距离越来越近。

然而，在希拉里的支持者中，有一个人却并不这么想，他就是克林顿。克林顿将希拉里潜在的对手都罗列出来，最终，他认定奥巴马最有可能抢走民主党总统候选人的身份。天时、地利都表明，风头正倒向奥巴马。

奥巴马显然早已经预料到这一切。他将伊利诺伊州首府斯普林菲尔德市的旧州府作为自己竞选之旅的第一站，他打算成为美国有史以来第一位黑人总统。1858年，就是在这个地方，林肯发表了他著名的废除奴隶制的演讲。

奥巴马在演讲中说："我知道自己宣布竞选总统有一些自以为是，有一些鲁莽放肆，知道我还没有花时间学习华盛顿的各种做法与潜规则，但我在担任参议员期间已经认识到，华盛顿的做法必须改变。"在这次仅有两分钟的演讲中，人们对他关于华盛顿的政治评论报以最热烈、持久的掌声。

直到看到关于这次演讲的报告，希拉里才意识到她低估了奥巴马，也低估了华盛顿的政治环境。

败给奥巴马

遗憾的是，模仿到凯撒大帝的形，却没有模仿出凯撒大帝的神，在民主党内的竞选中，希拉里败给了奥巴马，失去了第一次冲击白宫的机会。

随着竞选的深入，希拉里在民主党内的对手逐渐明朗，曾任联邦参议员的奥巴马。在当时发表的民调结果显示，希拉里的各项得分都高于奥巴马。然而，在结果揭晓的那一刻，希拉里却败给了奥巴马。

在总结失败的原因时，德国一家媒体认为，在民主党初选刚刚开始的时候，希拉里被认为是毋庸置疑的党内总统候选人。然而，随着竞选的深入，越来越多的选民和超级代表倒向奥巴马。在此之前的半年，希拉里是最热门的民主党总统候选人，而奥巴马只不过是个"有魅力"、"给人新鲜感"的竞争者罢了，没人认为他能击败希拉里。然而，仅仅半年之后，美梦破灭的人竟然是希拉里。这家媒体在总结希拉里失利的原因时，列出了以下几种观点：

第一、希拉里只专注于大州的选民，却忽视了小州的力量。奥巴马在白人占绝大多数的内布拉斯加州、科罗拉多州、密苏里州、北达科他州、爱达荷州以及犹他州的胜利，使他在2月初的时候表现活跃，并且频频在媒体上露面，风头盖过了希拉里。而后者则不得不重新在美国各州进行广告宣传活动，这使她在竞选最关键的时候遇到了资金短缺的问题。

第二、希拉里忽视了重要的资金来源。她没有向所有的主要捐资人示好，也没有把美国硅谷里诞生的新百万富翁们放在眼里，而只是从好莱坞的影星那里寻求支持。

第三、希拉里的竞选手段还停留在20世纪。她竞选的渠道和克林顿没什么区别，没有充分发挥网络的作用。而奥巴马则研究出一种软件，不断地从网上获得竞选资金，并建立起各种联络网，此外，奥巴马还利用像MySpace这样的社区论坛为自己服务。

第四、希拉里总是有意识无意识地发表和种族主义有关的言论，这使得她丈夫克林顿之前好不容易建立的与黑人选民之间的好感荡然无存。

第五、在最关键、竞争最激烈的时候退缩。当奥巴马前牧师赖特4月初首次发表惊人言论的时候，奥巴马并没有立即与其断绝关系，导致他的支持率直线下跌。这本应该是希拉里一举奠定胜局的机会，她可以把赖特的讲话视频不停地在全国播放，而这样奥巴马团结美国的政策就会遭受沉重打击。但希拉里没有这样做，她担心如此一来会破坏党内团结。

第六、犹豫不决，没有彻底收回之前公开表示支持伊拉克战争的言论。

第七、民主党1990年引入的比例代表制埋葬了希拉里。当两位候选人势均力敌的时候，由于比例代表制，赢回主动权或者丧失机会往往只在一念之差。而决定希拉里和奥巴马命运的这“一念”就是2月5日的“超级星期二”，这一天，美国有超过20个州和地区举行初选。2月6日，希拉里没能当选民主党总统候选人，反倒是奥巴马首次在对决中取得领先。

第八、奥巴马在政党基层会议这种初选方式中具有很大优势。在举行政党基层会议的各州中，奥巴马几乎获得全胜。很多白人年轻党员希望能够切实地为黑人做些事情，以展现美国社会的新气象，而奥巴马作为黑人候选人，无疑受益多多。

4. 最具争议的国务卿

提名国务卿

2008年6月3日，民主党内的选举完成投票。当天晚些时候，奥巴马公开宣布自己获得足够多的支持，将代表民主党参选总统提名人。

可事实上，在总票数上，希拉里超过奥巴马17万票，但因民主党特殊的比例分配制度导致代表票落后。希拉里在当日对奥巴马表示祝贺，但拒绝承认失败。

6月7日，希拉里在华盛顿国家建筑博物馆宣布退出竞选，伤感挥别她的支持者。随后，她发表了声情并茂的演讲，在场的人无不动容。她回顾了自己的参政历程，讲述了她作为一个女性，用自己的行动争取美国社会赋予女性与男性同等的政治权利和参政机会。她承认自己竞选活动的失败，并号召所有的支持者转而支持稳获民主党2008年总统大选提名人的奥巴马。希拉里号召支持者，用全部能量、所有的激情和坚韧，尽一切努力支持奥巴马成为新一届美国总统。希拉里说，人生是如此短暂，生命是如此珍贵，我希望用自己的参选让全国女性获得和男性一样的尊重、一样的参政和把握国家的机会。尽管败选，但她自己依然坚信，在未来美国的历史上，选民必将会成功地将女性送上白宫的总统宝座。

2008年11月4日，奥巴马战胜了共和党候选人麦凯恩，成为美国历史上第一位黑人总统。

对希拉里来说，退出竞选并不意味着结束，接下来，她的人生出现了新的起点。

2008年12月1日，总统奥巴马正式提名希拉里为美国国务卿，这一消息也极大地吊起了所有媒体的胃口。

美国的民主制度非常可爱，它的可爱之处就在于，当选举结束了，候选人之间的恩恩怨怨也结束了。为了国家的利益可以尽弃前嫌，携手共进。

在新闻发布会上，奥巴马表示，希拉里是一个智慧过人、坚强、极具良好职业道德的女性。在整个世界，她都有着非常广泛的人脉，她认识世界上许多领导人，这些人脉能够帮助美国，促进美国在全球的利益发展。同时，他表示，当前世界面临着众多不确定因素，新一代的美国领导人需要巧妙地应对21世纪的挑战，美国将会加强对敌作战的能力，不仅会加强与原有盟国的关系，还会大力发展新的伙伴关系。接着，他宣布，他昔日最大的竞争对手希拉里任国务卿。

在美国国家政治事务中，国务卿一职向来占据非常重要的地位，不仅在国内，在外交事务中更是举足轻重的。国务卿是美国总统的内阁成员之一，不过其地位要比普通的内阁部长更高，占所有内阁成员中的首席，仅次于副总统。

提名大有文章

事实上，在正式宣布提名希拉里为国务卿之前，在媒体上已经有传闻，这个传闻出现的时候，很多媒体对此表示乐观。首先，这一任命对奥巴马的形象非常有利。奥巴马曾在公开场合宣布，他最崇拜的美国总统是林肯，尤其喜欢多丽丝·古德温所著的《对手团队：政治天才林肯》这本书。而且，奥巴马在竞选时，也公开说，上任后要学习林肯的做法，招揽政治对手入阁。为此，奥巴马把内阁中最重要的职位给了希拉里，以显示他的大度自信，不任人唯亲，把国家的利益放在第一位。

当然，凡事可没有那么简单。要知道，奥巴马就任总统，首先要面对的就是上一任总统小布什留下的烂摊子，收拾这个烂摊子的前景绝不乐观。选希拉里，是反复权衡得失的结果。

这次民主党大胜，虽然奥巴马是最大赢家，但希拉里的地位也大为提高。她在预选中几乎赢得了和奥巴马同样多的选票，甚至在大选中，宾夕法尼亚有20%她的选民投了麦凯恩的票。如今的民主党内，有刚刚形成的奥巴马一翼，还有盘根错节的克林顿一翼。许多人希望希拉里成为参议院领袖。而希拉里在许多内政问题，特别是全民医疗保险问题上，无疑早就是党内领袖。奥巴马执政后，内政是重心，如果他不早早收编希拉里，而是把她留在参议院，继续当一个民选政治领袖，那就好比放虎归山。一旦他在执政上出现波折，希拉里就是个“祸患”。

要拉拢希拉里，就要有足够多的资本和足够高的职位。在总统内阁中，最好的位置当然就是国务卿了。希拉里就职后就不再是民选政治领袖，而是奥巴马任命的干部，要和总统保持一致，再无法畅所欲言；若在内政上发言，便属于多管闲事、手伸得太长。这样，奥巴马在内政上的党内异己就得以化解了。

同时，克林顿夫妇在国际上享有崇高的声誉，比在国内的人气高得多；两人对国际事务都非常精通，能够给总统提供很好的建议。小布什任职总统八年，把美国在世界上弄得声名狼藉。要迅速扭转局面，确实需要克林顿夫妇这样的明星效应。如果处理得好，任用希拉里会大大提高奥巴马政府的效率。此外，在国际事务上，特别是在伊战问题上，希拉里一直比奥巴马站位靠右，她也许是共和党人最可接受的国务卿候选人了。奥巴马出希拉里这张牌，实际上也是向共和党示意：我无意执行极“左”路线，而要走温和道路、积极寻求跨党合作。

不过，这一选择也潜藏着许多陷阱和风险。第一，许多党内克林顿外交团队的人，在预选开始就投靠了奥巴马，和克林顿们形同水火。这些人如今在奥巴马的团队里服务，希拉里进来后，这些人对她的抵制肯定很大，而克林顿也不是个好捏的柿子，双方一旦发生冲突，就可能产生很坏的影响。第二，在过去的五十年，美国有两个最优秀的国务卿，一是基辛格，一是贝克。两人的一个共同特点都是深得总统信赖，这样，他们在处理复杂的外交事务时就非常有效。外国领导人在和他们谈判交涉时，心里知道自己是在和美国总统打交道，谈判的“成交额”也就非常大。相反，即使国务卿有天大的本事，但大家都知道他不得总统信任，自然也就不会把他当回事，最后还是什么事情都办不成。希拉里和奥巴马不合拍是人所共知的事实。当各国领导人见希拉里时，会把她当奥巴马的心腹吗？如果不会，大家除了礼貌外为什么还要和她打交道呢？

不过，从奥巴马这一大胆选择上看，他对处理和希拉里的关系以及控制手下人方面，都有相当的信心。通过预选后的一系列沟通，两人大概也取得了对彼此的基本信任。最重要的是，奥巴马和希拉里有着共同的利益。如果他不能和希拉里推心置腹，这个国务卿就会坏事，最终影响他的统治。从希拉里一方面说，她恐怕还准备在2016年再次参选总统，而国务卿的位置将给她添加重要资历。在这种情况下，奥巴马伸出手来，她出于个人利益也不会故意让总统难堪。如果两人进行了有效的合作，强有力地在世界推进了美国的利益，双方都会挣得一大笔政治资本。

历史上的女国务卿

美国从建国起至今有67任国务卿，在希拉里之前只有2位是女性。然而，尽管她们人数少，却为美国的政坛上增添了一抹属于女性独有的亮色和魅力。这里，将希拉里之前的两位介绍一下。

第一位：玛德琳•奥尔布赖特

奥尔布赖特是美国历史上第一位女国务卿，她生于1937年5月15日，出生在捷克的一个外交家家庭。得益于父亲的身份，奥尔布赖特从小就跟随父亲游走世界各国。1948年，苏联支持的捷共当政，奥尔布赖特的父亲在联合国谋到个职位，举家迁移美国。不久之后，其父在美申请政治庇护，后来到丹佛大学政治系任教。

1959年，奥尔布赖特以优异的成绩取得全额奖学金，毕业于美国名校卫斯理女子学院。毕业后，奥尔布赖特与一家媒体老板的侄子约瑟夫·奥尔布赖特结婚。1960年，奥尔布赖特全家搬到首都华盛顿的乔治城，奥尔布赖特在霍普金斯大学学习。后又举家搬到纽约，期间奥尔布赖特以顽强的毅力，又当母亲，又当学生，克服各种困难，终于在1967年取得了哥伦比亚大学政治系的硕士和博士学位。奥尔布赖特的博士论文为“1968年布拉格之春中新闻工作者的作用”。在哥伦比亚大学，她有幸师从布热津斯基教授，布热津斯基后成为卡特政府的国家安全顾问。

1978年，奥尔布赖特被恩师，卡特总统的国家安全顾问布热津斯基招聘为国家安全委员会的研究员。奥尔布赖特以研究波兰独立工会，苏联问题和东欧问题而闻名遐迩。

1982年，奥尔布赖特回乔治城大学执教苏联、东欧问题。同时积极热心投身于首都圈的民主党政治活动，成为民主党的核心分子。1984年任民主党女性副总统候选人菲拉若的外交政策顾问；1988年担任民主党总统候选人迈克·杜卡斯基的外交政策顾问；1992年克林顿大选胜利，入主白宫。奥尔布赖特进入克林顿外交政策的核心圈。1993年1月，克林顿总统任命奥尔布赖特为美国驻联合国特命全权大使，这是奥尔布赖特的第一个正式外交职位。

1997年1月23日，经克林顿总统提名，国会通过，奥尔布赖特正式成为美国第64位国务卿，成为美国历史上首位女性国务卿。奥尔布赖特几十年的修炼终成正果。

奥尔布赖特于2001年1月，随着克林顿总统的任期届满而退休。作为一个活生生的美国梦的典范，从一个捷克政治难民变成美国历史上第一位女国务卿，不得不叹美国国家体制的人性，韧性与活力。

第二位：康多丽扎·赖斯

康多丽扎·赖斯于1954年11月14日出生于亚拉巴马州伯明翰的一个教师家庭，父亲是位高中老师。三岁时赖斯开始学习法语，音乐和芭蕾舞。在15岁时学习钢琴，梦想成为钢琴演奏家。虽然她最终没有成为职业钢琴家，但此爱好伴随赖斯终身，也令她受益匪浅。

1967年，赖斯全家搬迁丹佛。1971年，赖斯就读丹佛大学，最开始时把钢琴作为专业，但后来她意识到自己并不适合成为职业演奏家时，赖斯改读国际关系，师从约瑟夫·科贝尔教授（奥尔布赖特的父亲），研究苏联问题。后来，赖斯把科贝尔教授认为是对她人生最有影响的人物。

1975年，赖斯取得了罗特丹大学的政治学硕士。1981年，在赖斯26岁时，又取得了丹佛大学的政治学博士学位。

1981年至1987年，赖斯受聘斯坦福大学政治系助教，1987年升为副教授，讲授苏联问题。1985年，赖斯遇见事业上的“贵人”——福特总统的国家安全顾问布兰德·斯考科夫将军，赖斯被邀进入美国国家安全委员会的苏联问题专家，成为老布什在与戈尔巴乔夫和叶利钦打交道时最为依赖的顾问。

1993年，赖斯成为斯坦福大学的教务长，成为斯坦福大学历史上第一位黑人女性教务长，同时也是最年轻的教务长。

2000年大选，小布什赢得美国总统的宝座。赖斯进入了小布什总统的核心圈子，从2001到2005年就任国家安全顾问，不遗余力地追随小布什打击恐怖分子，发动阿富汗战争和伊拉克战争。2005年，小布什连任成功。时任国务卿的鲍威尔因与小布什意见不合而离职，小布什提名赖斯任国务卿。赖斯成为美国历史上第一位女性黑人国务卿。

小布什的团队是由一批共和党内极右鹰派组成。赖斯能得到小布什的信赖，并自始至终担任要职，可见赖斯在小布什政府里起了重要作用。

赖斯显赫的政治地位和独身女人的身份自然会招来不少闲话。有人传赖斯与小布什关系暧昧，甚至有一腿。小布什老婆劳拉曾为此与小布什大吵大闹。当时美国连续剧“绝望主妇”在热播，劳拉对记者说她比绝望主妇还绝望，让人有很大的想象空间。

赖斯在美国黑人社区里也饱受争议。大多数美国黑人对她的极右观点和立场不苟同，但对出了美国第一个黑人女性国务卿也感到自豪。

巧实力外交

2009年1月13日，希拉里在参议员外交关系委员会的听证会上接受国务卿提名确认程序。之后，她做了长达33分钟的演讲。媒体认为希拉里将毫无意外地获得参议院的确认。希拉里事先准备的演讲稿长达16页，在演讲中，她首次全面披露了奥巴马政府将要执行的外交政策，希拉里将此称为“巧实力外交”。

希拉里说道：“外交政策应该建立在事实和证据的基础上，而不是情绪化和偏见的结合体。我们必须使用巧实力手段，也就是说在面对各种情况时，综合外交、经济、军事、政治、法律和文化等各种政策工具，选择对我们有利的工具和方式。她尤其强调说：”奥巴马政府将会把这种政策作为主要外交手段，在朝鲜、伊朗、中东和巴尔干问题上，我们会看到使用这种政策确实是迫在眉睫的。单独依靠我们自己，是无法面对现在这些严峻挑战的。当然，世界也不可能在脱离美国的帮助下，独自克服困难。我们只有相互帮助，才能走出困境。

2009年2月2日，希拉里正式宣誓就任美国国务卿。她表示自己是一个乐观主义者，他们的团队在奥巴马的带领下，将会使美国走上繁荣之路。

忙碌的国务卿

在接下来的国务卿生涯里，希拉里忙得焦头烂额。至于忙到什么程度，她本人是这么说的：“我的工作就是把硬皮鞋磨软。”

“这是一份一周7天，一天24小时的工作。你永远没有下班的概念。”希拉里说。

作为美国级别最高的外交官，希拉里在空中飞行的时间几乎和在地面上一样多。4年中她出访的总里程数达到150多万公里，相当于绕地球赤道37圈。有出访任务的天数共有401天，超过了1年，出访过112个国家。她本人也因此从美国媒体那里获得了“劳模国务卿”的称号。

长时间飞行，旅途的疲劳，时差问题，更要命的是外交过程中要时刻保持清醒的大脑，为了解决这些问题，希拉里从特勤人员那里学会了拧胳膊、用指甲戳手掌等方法，以保持头脑的清醒。

就是在这样的工作条件下，希拉里坚强地度过了4年。或许是因为真的太累了，就在她即将卸任的时候，希拉里在家中晕倒，摔成轻微脑震荡。英国《卫报》以《希拉里，帮帮你自己，休息休息吧！》为题发表评论说，“取消这些会议吧，留在家里看看肥皂剧，等血压降下来，世界肯定能再等上几个星期。”

首次出访亚洲

自奥巴马就任总统开始，就宣布将美国战略中心转向亚太地区，这也决定了希拉里作为国务卿，首次出访的地方就是亚洲。

根据美国提供的访问日程，希拉里的行程是这样的：2009年2月16日至18日访问日本，18日至19日访问印度尼西亚，19日至20日访问韩国，20日至22日访问中国。

在出发之前，希拉里在纽约美国亚洲协会总部发表演讲时明确表示，她此次亚洲之行的目的是传递一个信号，即美国将继续致力于亚洲事务，加强接触，并与亚洲领导人共同商讨解决威胁太平洋地区以及其他所有地区的经济危机问题。在加强与传统合作伙伴和盟友关系的同时，发展与所有国家的深层次关系。在防止亚洲地区核扩散、气候变化、清洁能源、传染病以及消除贫富差距等方面，加强与各国的合作。

这次的亚洲之行，希拉里完成了既定的任务。

维基解密危机

2010年12月，希拉里在欧洲安全与合作会议期间，会见了大约50位国家和政府的领导人。这对发展美国与欧洲的关系来说是一件好事，可却因为一件事，让这件好事变成了尴尬的事。

“维基解密”网站在29日公布了超过25万份美国机密外交电报，这些电报涉及的主要内容包括美国刺探联合国高官情报、对部分国家的领导人发表评论等敏感问题。这些文件显示，美国驻外使领馆在发回国内的情报中有大量关于对驻在国领导人“赤裸裸”的评价；这些文件还显示，希拉里要求美国驻联合国外交人员收集并报告联合国官员的个人隐私情报。很明显，这些文件的公布，势必会损害美国与盟国的外交关系。如何将损失降到最低，是摆在国务卿希拉里面前的一件差事。

维基解密又称维基泄密，创建人是澳大利亚的互联网积极分子朱利安•保罗•阿桑奇，运营方式主要是通过协助知情人让组织、企业、政府在阳光下运作的无国界、非盈利的互联网媒体。

要知道，这些机密外交电报是通过美国的内部网络下载的。颇具有讽刺意味的是，这一内部网络系统是在“9•11”恐怖袭击后建立起来的，目的是让尽可能多的人能够获得反恐信息，进而提升国际合作。

“这是国务卿4年生涯中遭遇的最大一次突发事件，很幸运的是，我们成功地将损失降到了最低。”希拉里说道。

面对突如其来的事件，希拉里表现得沉着、冷静。她利用一切机会在公开场合宣布，泄密的电报文件并非反映美国政府的官方政策，它们只是一些孤立的东西，是个别外交官在没有筛选的情况下将他们在其他国家偶然看到或听到的内容发回了华盛顿。同时，她积极拉拢联合国秘书长潘基文，并向他表示歉意，以争取化解因泄密文件给美国在国际社会中带来的紧张关系。接下来，事情的发展如希拉里所预料的那样，维基解密文件对美国、美国国务院以及希拉里本人的冲击是十分有限的。这再次证明希拉里应对危机的能力是很强的。

“扔鞋子”事件

在世界很多国家，希拉里都很有人缘，当然也有例外。她出访埃及的时候，就遭到了埃及部分示威者的抵制，有人甚至向她的车队投掷番茄和鞋子，并高喊嘲讽她的口号。这一次的出行，不仅没有受到埃及人民的欢迎，而且埃及军方对她的斡旋努力也并不买账。

这件事发生在2012年的7月15日，希拉里访问埃及港口城市亚历山大时，埃及人认为美国试图干涉埃及内政和向新政府施压，由此举行游行示威，向她的车队扔番茄和鞋子，并讥讽当年希拉里的丈夫克林顿与莱温斯基间的性丑闻。示威者还喊出“希拉里滚蛋”等口号。现场虽有防暴警察保护，希拉里的车也未被击中，但此事仍让陪同的埃及高官极为尴尬。

班加西事件

如果没有班加西事件，希拉里的国务卿生涯将是近乎完美的。

2012年，当地时间9月11日下午4时，美国国务院接到来自美国驻利比亚首都的黎波里大使馆的警报，正造访美国驻班加西领事馆的斯蒂文斯大使，发来了一条只有一句话的信息：“我们正遭受攻击”。4时20分，国务院官员斯蒂夫·穆尔把这一消息告诉了正在办公室的希拉里。据一名在场人士说，希拉里问道：“我们如何能加强现场的安保措施，如何能加强现场的通讯？”

希拉里还说：“要找到克里斯·斯蒂文斯。”

克里斯·斯蒂文斯是希拉里亲自点名任命为驻利比亚大使的。

5点时，穆尔告诉希拉里，他们没法确定大使在哪里，也打不通他的电话。穆尔还告诉她，国务院“行动室”有电话，可与驻利比亚大使馆联系。希拉里立即来到行动室，在那里召开了一个视频会议，参加者有国务院、白宫、军方和情报部门的官员。那天，希拉里在国务院一直待到半夜。

11号那天夜里，克里斯·斯蒂文斯的尸体在班加西的一家医院被确认。希拉里在早上7点又回到办公室，向世界宣布这一悲剧消息。随后，她来到那些丧生的美国人在国务院工作过的办公室，并和在的黎波里的同事召开视频会议，他们看上去都很震惊。

视频会议上，希拉里除了回顾和克里斯·斯蒂文斯个人交往的一些事情，还告诉那些同事，“克里斯·克里斯想让我们继续完成他已经开始的事业。”

美国官员们一片混乱，纷纷猜测袭击的背后组织者是什么人。希拉里给遇难美国人的家人打电话，安慰他们，并保证美国政府会把凶手找到，让他们受到应有的惩罚。

在接下来的3天，示威仍在蔓延。有一天，巴基斯坦首都伊斯兰堡就有19人因此丧生。希拉里因此会见了巴基斯坦外长，要求他加强美国大使馆的安全措施。巴基斯坦政府做得干脆，在那几天切断了手机信号，以防止有人通过手机谋划袭击。

希拉里还在努力消除袭击在美国国内造成的政治影响，尤其是和国会一起，努力争取把损害控制到最小。她在事件后到国会山，和不少参议员和众议员进行单独会谈，讨论这次袭击。

在处理这件事的过程中，希拉里前后矛盾的说辞成为共和党议员的攻击目标，在定性袭击事件时，开始说是偶发，后来又强调是有预谋的，这落下了话柄。

当然，班加西事件对希拉里的影响毕竟有限，她没有因此结束国务卿任期，这只能算是她任期内的一个污点。在2013年2月1日这一天，希拉里正式卸任国务卿。

5. 追求白宫的女人

不满于现状

从1992年起，希拉里就一直活跃在国际政坛，算起来已经超过20年了。1992年，自她的丈夫克林顿在美国民主党代表大会上当选总统候选人，希拉里的名字就开始出现在提名大会上。

此后的20多年时间里，希拉里曾几次短暂地离开公众的视野，第一次是“白水门事件”，当时闹得沸沸扬扬，她接受总统顾问的建议，闭门不出，在家中蛰伏18个月。第二次是莱温斯基性丑闻事件，希拉里深受伤害，在痛苦中自我疗伤，为此她短暂离开公众视线。这两段的潜伏生活，让希拉里默默地积蓄着力量，以厚积薄发。

不可否认，在2000年克林顿卸任总统之前，希拉里一直都生活在丈夫的影子里。更多的时候，她充当的是贤内助的角色。在克林顿离开白宫之后，希拉里始终活跃在政坛，与此同时，她在美国人心目中的头衔也越来越多：第一夫人，参议员，政客，强硬政治人物。在2007年，她宣布竞选总统时，已经是最被看好的竞选人，风头远远盖过后来逆袭成为总统的奥巴马。

在2007年，她带自信地喊出“我来了，我要赢”的口号，而在2008年6月3日这一天，她无奈地宣布失利。这就是政客的命运，有舍我其谁的霸气，当然也要承担为此所带来的惨痛的失败。

失败并不代表一切。随后她受邀出任总统奥巴马的国务卿，为其保驾护航。给人打工、寄人篱下，这已非希拉里的志向所在，反倒令她更洒脱、更不羁，时时处处显出强势和锋芒。

在2013年，当希拉里卸任国务卿时，总统奥巴马是这样评价她的：选择希拉里当美国国务卿是我做总统以来最正确的决定。

回忆往昔，当年希拉里放弃待遇优厚的律师工作支持丈夫，而后面临丈夫背叛而不言舍弃，之后在国会山历练内力，再接再厉冲顶权力高峰，希拉里的政治欲望支撑着她的精神世界。

宣布再次竞选总统

2015年4月12日，经过两年多的休养生息，希拉里的权力激情再次涌起。这天，她正式宣布参加2016年美国总统大选，这将是她第二次逐鹿白宫。

在这之前，希拉里是否会参选2016年美国总统大选，一直是美国人讨论的热点。如果在未来的某一天，她正式宣布参选总统，没有人会感觉到意外。当然，现实的条件似乎对她十分有利，据《华盛顿邮报》和美国广播公司联合开展的民意调查显示，在潜在的民主党支持者和独立选民中，希拉里拥有73%的支持率。据报道，希拉里如此优势的地位是这两家媒体30年来在初选开始前进行的民调中最为突出的。又据内幕人士最新披露，希拉里早在2013年夏天已秘密听取竞选评估简报，而同属民主党的奥巴马总统的多位幕僚与金主很可能将投入重金助选，希拉里的“影子助选团”俨然已经成形并在幕后秘密运作。

那么，希拉里角逐白宫还有没有什么障碍？她的过于强势，她的政治机会主义，会一直成为她政治之路的阻力吗？

对权力的渴望？对于一个政客，如果没有欲望，还如何面临非人的压力和挑战？

年龄？这算是一个比较客观的因素。已经66岁升级当外婆的希拉里，并不算老。不过，她已经明确表示，如果有病就不会参选总统。

和前一次的竞选方式很接近，希拉里的竞选团队在社交网站上发布了一段视频和相关的网页，宣布希拉里将再次角逐白宫。

视频中的希拉里，一袭黑色套装、红色衬衣，气色看起来相当好，她自信地宣布："美国民众需要一个斗士，我想成为那个斗士。（Everyday Americans need a champion，and I want to be that champion）"Champion一词还可理解为"冠军"，希拉里一语双关地流露出她想在竞选中成为胜利者的雄心。希拉里还在视频中表示："如此，你们的生活不会仅仅是过得去，你们能够大步向前，并且保持在前。因为当每个家庭都强大的时候，美国也会变得强大。所以我要开始赢得你们的选票，我希望你们同我一起踏上这段旅程。"